经济预测科学丛书

中国和东盟地区贸易效应及产业结构研究

张晓旭 汪寿阳 著

科学出版社

北 京

内 容 简 介

本书系统、科学地测算了中国与东盟之间的贸易情况，评估了双方在全球价值链中所处的位置。在此基础上，分析了中国和东盟地区的产业结构现状，探索了双方如何以共赢之力推进产业结构升级。本书综合运用投入产出模型、量化贸易模型、计量经济模型及扩展天际图等方法，为相关研究提供了方法参考。本书的研究结论为中国和东盟地区的未来贸易合作提供了理论依据和政策建议。

本书对于从事国际贸易、国际经济、区域经济和全球价值链等领域的科研人员、政府有关管理部门的领导干部，以及贸易、金融等相关行业从业人员都有很好的参考价值。本书也适合高等院校的国际贸易学、经济统计学、区域经济学和应用经济学等专业的师生阅读。

图书在版编目（CIP）数据

中国和东盟地区贸易效应及产业结构研究 / 张晓旭，汪寿阳著. —北京：科学出版社，2023.8

（经济预测科学丛书）

ISBN 978-7-03-076051-7

Ⅰ. ①中⋯ Ⅱ. ①张⋯ ②汪⋯ Ⅲ. ①自由贸易区-区域经济发展-研究-中国、东南亚国家联盟 ②区域产业结构-研究-中国、东南亚国家联盟 Ⅳ. ①F752.733 ②F127 ③F133.042

中国国家版本馆 CIP 数据核字（2023）第 141963 号

责任编辑：徐　倩 / 责任校对：贾娜娜
责任印制：张　伟 / 封面设计：有道设计

科 学 出 版 社 出版
北京东黄城根北街 16 号
邮政编码：100717
http://www.sciencep.com

北京厚诚则铭印刷科技有限公司 印刷
科学出版社发行　各地新华书店经销

*

2023 年 8 月第 一 版　开本：720 × 1000　1/16
2024 年 1 月第二次印刷　印张：10 1/4
字数：210 000

定价：116.00 元

（如有印装质量问题，我社负责调换）

丛书编委会

主　编：汪寿阳

副主编：黄季焜　魏一鸣　杨晓光

编　委：（按姓氏汉语拼音排序）

陈　敏	陈锡康	程　兵	范　英	房　勇
高铁梅	巩馥洲	郭菊娥	洪永淼	胡鞍钢
李善同	刘秀丽	马超群	石　勇	唐　元
汪同三	王　珏	王　潼	王长胜	王维国
吴炳方	吴耀华	杨翠红	余乐安	曾　勇
张　维	张林秀	郑桂环	周　勇	邹国华

总　序

中国科学院预测科学研究中心（以下简称中科院预测中心）是在全国人民代表大会常务委员会原副委员长、中国科学院原院长路甬祥院士和中国科学院院长白春礼院士的直接推动和指导下成立的，由中国科学院数学与系统科学研究院、中国科学院地理科学与资源研究所、中国科学院科技政策与管理科学研究所、中国科学院遥感应用研究所、中国科学院大学和中国科技大学等科研与教育机构中从事预测科学研究的优势力量组合而成，依托单位为中国科学院数学与系统科学研究院。

中科院预测中心的宗旨是以中国经济与社会发展中的重要预测问题为主要研究对象，为中央和政府管理部门进行重大决策提供科学的参考依据和政策建议，同时在解决这些重要的预测问题中发展出新的预测理论、方法和技术，推动预测科学的发展。其发展目标是成为政府在经济与社会发展方面的一个重要咨询中心，成为一个在社会与经济预测预警研究领域中有重要国际影响的研究中心，成为为我国和国际社会培养经济预测高级人才的主要基地之一。

自 2006 年 2 月正式挂牌成立以来，中科院预测中心在路甬祥副委员长和中国科学院白春礼院长等领导的亲切关怀下，在政府相关部门的大力支持下，在以全国人民代表大会常务委员会原副委员长、著名管理学家成思危教授为前主席和汪同三学部委员为现主席的学术委员会的直接指导下，四个预测研究部门团结合作，勇攀高峰，与时俱进，开拓创新。中科院预测中心以重大科研任务攻关为契机，充分发挥相关分支学科的整体优势，不断提升科研水平和能力，不断拓宽研究领域，开辟研究方向，不仅在预测科学、经济分析与政策科学等领域取得了一批有重大影响的理论研究成果，而且在支持中央和政府高层决策方面做出了突出贡献，得到了国家领导人、政府决策部门、国际学术界和经济金融界的重视与高度好评。例如，在全国粮食产量预测研究中，中科院预测中心提出了新的以投入占用产出技术为核心的系统综合因素预测法，预测提前期为半年以上，预测各年度的粮食丰、平、歉方向全部正确，预测误差远低于西方发达国家；又如，在外汇汇率预测和国际大宗商品价格波动预测中，中科院预测中心创立了 TEI@I 方法论并成功地解决了多个国际预测难题，在外汇汇率短期预测和国际原油价格波动等预测中处于国际领先水平；再如，在美中贸易逆差估计中，中科院预测中心提出了计算国际贸易差额的新方法，从理论上证明了出口总值等于完全国内增加值和完全进口值之和，提出应当以出口增加值来衡量和计算一个国家的出口规模和两个国家之间的贸易差额，发展出一个新的研究方向。这些工作不仅为中央和政府高层科学决策提供了重要的科学依据和政策建议，所提出的新理论、新方法和新技术也为中国、欧洲、美国、日本、东南亚和中东等国家和地区的许多研究机构所广泛关注、学习和采用，产生了广泛的社会影响，并且许多预测报告的重要观点和主要结论为众多国内外媒体大量报道。最近几年来，中科院预测中心获得了 1 项国家科技进步奖、6 项省部级科技奖一等奖、8 项重要国际奖励，以及张培刚发展经济学奖和孙冶方经济科学奖等。

中科院预测中心杰出人才聚集，仅国家杰出青年基金获得者就有 18 位。到目前为止，中心学术委员会副主任陈锡康教授、中心副主任黄季焜教授、中心主任汪寿阳教授、中心学术委员会成员胡鞍钢教授、石勇教授、张林秀教授和杨晓光教授，先后获得了有"中国管理学诺贝尔奖"之称的"复旦管理学杰出贡献奖"。中科院预测中心特别重视优秀拔尖人才的培养，已经有 2 名研究生的博士学位论文被评为"全国优秀博士学位论文"，4 名研究生的博士学位论文获得了"全国优秀博士学位论文提名奖"，8 名研究生的博士学位论文被评为"中国科学院优秀博士学位论文"，3 名研究生的博士学位论文被评为"北京市优秀博士学位论文"。

为了进一步扩大研究成果的社会影响和推动预测理论、方法和技术在中国的研究与应用，中科院预测中心在科学出版社的支持下推出这套"经济预测科学丛书"。这套丛书不仅注重预测理论、方法和技术的创新，而且也关注在预测应用方面的流程、经验与效果。此外，丛书的作者们将尽可能把自己在预测科学研究领域中的最新研究成果和国际研究动态写得通俗易懂，使更多的读者和其所在机构能运用所介绍的理论、方法和技术去解决他们在实际工作中遇到的预测难题。

在这套丛书的策划和出版过程中，中国科技出版传媒股份有限公司董事长林鹏先生、副总经理陈亮先生和科学出版社经管分社社长马跃先生提出了许多建议，做出了许多努力，在此向他们表示衷心的感谢！我们要特别感谢路甬祥院士，以及中国科学院院长白春礼院士、副院长丁仲礼院士、副院长张亚平院士、副院长李树深院士、秘书长邓麦村教授等领导长期对预测中心的关心、鼓励、指导和支持！没有中国科学院领导们的特别支持，中科院预测中心不可能取得如此大的成就和如此快的发展。感谢依托单位——中国科学院数学与系统科学研究院，特别感谢原院长郭雷院士和院长席南华院士的长期支持与大力帮助！没有依托单位的支持和帮助，难以想象中科院预测中心能取得什么发展。特别感谢学术委员会前主席成思危教授和现主席汪同三学部委员的精心指导和长期帮助！中科院预测中心的许多成就都是在他们的直接指导下取得的。还要感谢给予中科院预测中心长期支持、指导和帮助的一大批相关领域的著名学者，包括中国科学院数学与系统科学研究院的杨乐院士、万哲先院士、丁夏畦院士、林群院士、陈翰馥院士、崔俊芝院士、马志明院士、陆汝钤院士、严加安院士、刘源张院士、李邦河院士和顾基发院士，中国科学院遥感应用研究所的李小文院士，中国科学院科技政策与管理科学研究所的牛文元院士和徐伟宣教授，上海交通大学的张杰院士，国家自然科学基金委员会管理科学部的李一军教授、高自友教授和杨列勋教授，西安交通大学的汪应洛院士，大连理工大学的王众托院士，中国社会科学院数量经济与技术经济研究所的李京文院士，国务院发展研究中心李善同教授，香港中文大学刘遵义院士，香港城市大学郭位院士和黎建强教授，航天总公司 710 所的于景元教授，北京航空航天大学任若恩教授和黄海军教授，清华大学胡鞍钢教授和李子奈教授，以及美国普林斯顿大学邹至庄教授和美国康奈尔大学洪永淼教授等。

许国志院士在去世前的许多努力为今天中科院预测中心的发展奠定了良好的基础，而十余年前仙逝的钱学森院士也对中科院预测中心的工作给予了不少鼓励和指导，这套丛书的出版也可作为中科院预测中心对他们的纪念！

汪寿阳

2018 年夏

前　言

　　经济全球化使得一国的产业结构在开放经济条件下实现动态的提升，其中最为重要的影响因素就是贸易。中国-东盟自由贸易区（China-ASEAN Free Trade Area，CAFTA）是我国同其他国家建设的第一个自贸区，经济效应的好坏在一定程度上会影响其他自由贸易区的建立，对中国-东盟地区贸易效应的测度可以更好地了解中国-东盟地区的经济形势，把握中国和东盟的发展方向。寻求 CAFTA 区域利益最大化，大力发展双边经贸关系对我国有着非常重要的现实意义。

　　本书以 CAFTA 进程为研究背景，以增加值测算理论为研究基础，在不需要额外平衡的情况下利用全球贸易分析模型（Global Trade Analysis Project，GTAP）第 8 版数据库构建数据口径一致的地区（国家）投入产出表。基于构建的东盟地区投入产出表和中国投入产出表采用增加值测算方法测算中国-东盟地区贸易情况，克服了传统贸易总量计算方法带来的重复计算问题，科学评估了中国和东盟地区在全球价值链（global value chain，GVC）中所处的位置，为我国对外贸易谈判和政策制定提供了有价值的参考建议。同时基于国际贸易数据对全球视角下的贸易创造效应和贸易转移效应进行了检验，实证结果显示 CAFTA 的建立对全球经济存在着贸易创造效应，抨击了流行的贸易威胁说，为我国贸易谈判提供了理论依据与政策建议。

　　本书的主要研究内容与研究框架结构安排如下：本书通过分析中国与东盟地区的产业发展情况，基于增加值的研究角度，利用投入产出技术和扩展的天际图（Skyline）分析中国和东盟地区的产业结构，探索中国产业优化策略。最后构建了海关监管四维评价模型，从海关监管的角度为中国-东盟贸易便利化提出了若干政策建议。

　　第 1 章：全球价值链与贸易便利化。该章在介绍了全球价值链概念的演化形成的基础上，对全球价值链核算、全球价值链的产业发展、区域贸易领域的研究现状和中国与东盟产业合作-竞争的发展趋势进行了总结分析，并探讨了贸易便利化的定义及理论基础。

　　第 2 章：CAFTA 贸易现状分析。该章首先总结了 CAFTA 的成立背景及发展进程。基于国际分工视角，依次分析 CAFTA 进程中中国与东盟地区在总量层面、国别层面和商品层面贸易发展路径的变迁。总量层面的研究发现：在中国-东盟地区双边贸易额飞速增长中，我国与东盟地区的贸易逆差不断缩小，从 2012 年开始出现贸易顺差，并且随着 CAFTA 进程的推动，贸易顺差不断增加。国别层面的研究发现：CAFTA 进程推动了我国与东盟地区合作的全面化，我国与东盟地区的贸易发展演化成一条从新加坡一家独大到"新马泰"三国鼎立的全面推进路线。商品层面的研究发现：我国从东盟地区进口商品演变趋势表明 CAFTA 进程中已经出现制造业结构升级的现象，出口贸易商品的变化更能体现产业结构所带来的变化，出口商品的趋势演变更能印证 CAFTA 建立已经蕴含着产业结构升级的现实。

第 3 章：CAFTA 建立引致的贸易效应分析。该章通过量化 CAFTA 建立对中国-东盟的贸易效应，探索全球经济视角下 CAFTA 的建立到底是贸易创造还是贸易转移。测算结果显示：CAFTA 的建立给 CAFTA 内的成员国带来正向贸易影响，对于世界经济也体现为贸易创造效应。实证结果抨击了西方媒体流行的贸易威胁说。同时，研究结果也显示：两国的 GDP、两国之间的距离及是否有共同语言是影响 CAFTA 成员国内部贸易的重要因素。所以，成员国应该在努力发展自身经济的同时，注重贸易壁垒的降低，尽量减少贸易摩擦，提高贸易便利化程度。

第 4 章：东盟地区投入产出表的构造。该章提出一种在不需要平衡的情况下使用 GTAP 8.0 数据库构建数据口径一致的地区（国家）投入产出表的方法。基于 GTAP 8.0 数据库构建的东盟地区投入产出表，解决了东盟地区没有数据口径一致的投入产出表的问题，为后续核算东盟地区在国际贸易中的实际利益所得提供了有力工具。

第 5 章：中国-东盟贸易增加值效应测算。针对国际贸易视角下我国和东盟地区中间产品占比较大这一现象，用总量测算会造成严重的重复计算问题，基于全球价值链的研究视角，该章采用增加值的核算方法，同时借助于中国投入产出表和第 4 章构建的东盟地区投入产出表，从国家整体及细分部门层面测算中国与东盟地区的贸易效应，得到若干研究结论。

第 6 章：CAFTA 背景下中国产业优化策略。该章首先采用投入产出技术分析中国和东盟各国的产业结构，接着对中国各区域之间的产业结构的竞争性和互补性进行分析，再采用扩展的天际图，分析各省区之间的贸易状况。研究发现：中国与东盟的产业可以通过合作增加双方利益，中国与东盟的产业合作有利于发挥双方各自的比较优势，对生产要素进行跨国配置，可以进一步优化区域产业分工，从而推动产业转型升级。在此背景下，从国际生产分工协同发展的视角，分析我国产业的动态转化方向及可能途径，并为中国-东盟的产业结构发展提出政策建议。

第 7 章：CAFTA 贸易便利化分析。随着市场的开放性越来越强，贸易便利化问题已引起全球经济体和各国学者的共同关注。区域海关的管理与操作直接关系着贸易的流动性，海关监管的创新是实施贸易便利化最为简单直接且有效的手段。该章首先对 CAFTA 国家海关环境进行评价；接着，基于成员国在通关方面存在的检验检疫时间长、海关手续单证多，以及涉证涉税商品通关手续复杂的现状，借鉴发达国家在海关监管方面已经取得的成功经验，构建海关监管四维评价模型探讨 CAFTA 区域内海关监管创新思路，对区域内提升贸易便利化提出了可行的政策建议。

第 8 章：总结与未来研究展望。首先，对本书的主要研究工作和结论进行归纳总结；接着，对未来值得进一步研究的问题做出展望。

本书的研究工作得到了商务部重大课题"全球价值链与国际贸易利益关系研究"（TC140N782）、国家自然科学基金（71988101）和中国科学院预测科学研究中心的支持，作者表示感谢！此外，作者还要感谢中国科学院数学与系统科学研究院陈锡康研究员、杨翠红院士、高翔博士，中国科学院大学经济与管理学院许健教授，中国人民大学经济学院祝坤福教授等的讨论与帮助。作者还向科学出版社经管分社马跃社长及本书责任编辑徐倩女士为本书的出版所付出的辛劳与帮助表示衷心感谢！

由于作者的学识有限，不足之处在所难免，诚恳地欢迎相关专家和广大读者予以批评指正，以便将来再版时改进与完善。

张晓旭　汪寿阳
2023 年 6 月

目 录

第1章 全球价值链与贸易便利化 ··· 1
　1.1 全球价值链的相关研究 ·· 1
　1.2 区域贸易领域的研究现状 ·· 4
　1.3 关于中国与东盟产业合作和竞争的研究 ······································ 8
　1.4 贸易便利化的定义与理论基础 ·· 9
第2章 CAFTA 贸易现状分析 ··· 11
　2.1 CAFTA 的成立背景及发展进程 ··· 11
　2.2 中国和东盟贸易的基本情况 ·· 14
　2.3 本章小结 ·· 30
第3章 CAFTA 建立引致的贸易效应分析 ·· 31
　3.1 问题描述及研究意义 ·· 31
　3.2 CAFTA 对中国进口贸易的贸易效应模型构建 ································· 32
　3.3 实证分析 ·· 34
　3.4 本章小结 ·· 37
第4章 东盟地区投入产出表的构造 ·· 38
　4.1 投入产出技术简介 ·· 39
　4.2 投入产出模型产业关联测度方法 ·· 43
　4.3 非竞争型投入产出模型简介 ··· 44
　4.4 编制投入产出表的数据来源及数据处理 ······································ 47
　4.5 东盟国家非竞争型投入产出表的构造 ·· 50
　4.6 本章小结 ·· 51
第5章 中国-东盟贸易增加值效应测算 ··· 52
　5.1 数据处理 ·· 52
　5.2 中国从东盟进口增加值的测算 ··· 53
　5.3 本章小结 ·· 62
第6章 CAFTA 背景下中国产业优化策略 ·· 64
　6.1 中国产业关联程度分析 ·· 64
　6.2 东盟地区产业关联情况分析 ··· 67
　6.3 中国地区间产业结构分析 ··· 70

  6.4 中国产业结构升级的路径和策略分析 ·· 110
  6.5 本章小结 ·· 111
第 7 章 **CAFTA 贸易便利化分析** ·· 112
  7.1 CAFTA 成员国海关环境评价 ··· 112
  7.2 CAFTA 国家通关方面存在的问题 ··· 114
  7.3 构建 PPRC 模型分析国际海关监管创新 ·· 115
  7.4 对 CAFTA 区域提升贸易便利化的建议 ·· 125
  7.5 本章小结 ·· 126
第 8 章 **总结与未来研究展望** ·· 127
  8.1 主要研究工作和结论 ·· 127
  8.2 未来研究展望 ·· 128
参考文献 ··· 132
附录 ··· 141

第 1 章 全球价值链与贸易便利化

1.1 全球价值链的相关研究

1.1.1 全球价值链概念的演化形成

现代经济学之父亚当·斯密在其著作《国富论》中指出分工是劳动生产率乃至国民财富增进的源泉，开启了国际贸易分工理论研究的先河。国际分工是社会分工跨越民族国家界限而形成的国与国之间的分工，是社会分工发展到一定历史阶段的产物。当前国际贸易呈现两个新的特点，一是国际分工方式逐渐从产业内分工和产品内分工转变为工序分工，二是贸易对象逐渐从最终产品转变成中间产品。

联合国工业发展组织在 2002 年发布的工业发展报告《通过创新和学习来参与竞争》("Competing through innovation and learning")中将全球价值链定义为：在全球范围内为实现商品或服务价值而连接生产、销售、回收处理等过程的全球性跨企业网络组织。全球价值链涉及从原材料采购和运输、半成品和成品及销售，直至最终消费和回收处理的整个过程。它包括所有参与者和生产销售等活动的组织与价值和利润的分配。全球价值链范式的形成是经济学、管理学、地理学和社会学等多学科在研究全球化过程中交叉发展的结果。

自 20 世纪 80 年代以来，众多学者相继提出了价值链理论。哈佛大学教授 Porter（1985）首次提出了价值链概念，他在《技术与竞争优势》中指出每个企业都是在设计、生产、销售、发送和辅助其产品的过程中进行各种活动的集合体。所有这些活动可以用一个价值链来表示，以此构建了企业价值链体系。Kogut（1985）在《设计全球战略：比较与竞争的价值增值链》中进一步引入了"价值增值链"概念，将国家竞争优势纳入研究范畴。他认为整个价值链上各环节的空间配置最终取决于不同国家和地区的比较优势，强调了价值链的垂直分割和全球产业的空间再配置之间的关系。Gereffi（1994）在对美国零售业价值链的研究基础上，首次将价值链概念与产业组织研究结合起来，提出全球商品链分析法；并强调全球商品链中投入产出结构、地域性、治理结构和制度框架等四个重要方面。Rayport 和 Sviokla（1995）提出了开发虚拟价值链的观点，认为企业都在由信息构成的虚拟世界中参与竞争。然而，这些研究并没有突破商品这一概念的局限性，没有强调企业在全球化生产过程中的价值创造的重要性。直到 2001 年，Gereffi 和该领域研究者在《IDS 公告》(*IDS Bulletin*) 杂志上发布了关于全球价值链的特刊——《价值链的价值》(The Value of Value Chains)，他们认为应将商品和服务贸易视为一种治理体系，价值链的形成是企业不断参与到价值链并获得必要技术能力和服务支持的过程。这一特刊成为"全球价值链"研究的里程碑，此后众多学者从全球价值链的治理、演变和升级等多个角度对其进行了系统的探讨和分析。全球化生产过程中价值创造的重要性得到了提升，从而建立了全球价值链的基本理论框架。Gereffi 等（2005）首次采用"全球价值链"这一术语研究了全球生产网络的治理结构与网络中的价值分布。

全球价值链的主流研究主要集中在两类问题上。一类以 Gereffi 为代表，主要探讨"升级"和"治理"问题。他们认为升级过程可以通过工艺流程升级、产品升级、功能升级和链条升级四个阶段逐步实现，但在现实中遭遇了"制造悖论"困境（沈梓鑫和贾根良，2014）。另一类研究更加聚焦于增加值。由于国际分工不断深化，中间品贸易得以快速发展，严重扭曲了"贸易不平衡"。投入产出模型能够清晰地反映出各个国家或地区及各个部门之间产品的生产消耗关系，目前已成为追踪产品流向和全球价值链的主流工具。

1.1.2　全球价值链的核算

随着国际分工的不断深入，中间品贸易快速发展。一国的出口既包含本国创造的附加值，也包含之前所有生产环节的累加部分。基于贸易总量标准的传统贸易统计存在着重复计算问题，经济学家和贸易政策制定者越来越认识到以贸易增加值来衡量贸易收入的重要性。

目前全球价值链核算的研究热点主要集中在贸易衡量、环境衡量及企业衡量三个方向。

贸易衡量主要基于投入产出表改进增加值贸易模型及计算价值链长度、地位，来衡量每个参与者获得的价值增值。刘遵义等（2007）构建了反映加工贸易的扩展投入产出模型，从增加值角度重新衡量了中美贸易平衡。Daudin 等（2011）从生产者角度区分了最终品中的附加值在国家间的属地原则。Johnson 和 Noguera（2012）明确提出了增加值贸易的概念，从最终消费品价值来源的视角将转移贸易和折返贸易纳入世界投入产出模型统一测算，为增加值贸易测度做出了突出贡献。Koopman 等（2014）在 Johnson 和 Noguera（2012）的基础上建立了包含所有方向中间产品和最终产品进出口的三国贸易模型，最早提出了一国出口的完全分解方法。王直等（2015）进一步拓展了 Koopman 等（2014）的方法，基于三国贸易模型提出了一国出口的 16 项指标分解法。Los 等（2016）也在 Koopman 等（2014）

的基础上提出了假设抽取法，利用一国数据即可将其总出口进行分解，简化了分解结果。Muradov（2016）则把与王直等（2015）类似的对角分块矩阵方法应用于里昂惕夫逆矩阵，提出了一种 8 项指标的分解法。后续的研究基本都依据 Koopman 和王直的基本框架。

环境衡量基于全球价值链之间的增加值贸易来计算碳排放量，测算各行业和地区最终产品的碳排放量。Ang 和 Choi（1997）提出了一种可以评估工业部门能源使用和气体排放变化的对数平均迪氏指数（logarithmic mean Divisia index，LMDI）分解方法，同时对中国制造业碳排放情况进行实证研究，验证了 LMDI 方法的有效性和准确性。国内的一些学者，如刘红光等（2010）、孙建卫等（2010）、何艳秋（2012）从投入产出表出发，通过计算产品的消耗系数来测算区域或行业的碳排放量，为计算碳排放量的新视角提供了丰富的证据支持。Mim 和 Ail（2021）应用自回归分布滞后（autoregressive distributed lag，ARDL）分析法，发现越南工业发展水平与 CO_2 排放量呈"U"形相关。Yanikkaya 等（2022）发现几乎所有全球价值链的前向后向关联都促进了制造业和服务业产出增长。李焱等（2021）实证发现全球价值链嵌入能够提高"一带一路"沿线国家的碳排放效率。

不同于宏观层面价值链的测量，企业衡量基于"由微观到宏观"的思路，采用微观数据测算企业间的贸易增加值，深入理解贸易价值链中不同环节的贡献和价值分配。Upward 等（2013）、Kee 和 Tang（2016）先后基于中国工业企业数据和海关交易数据，衡量了中国企业出口的国内附加值，发现一般贸易的国内附加值比重逐步下降，而加工贸易的比重显著提升。

1.1.3 基于全球价值链的产业发展探究

经济全球化的快速发展导致生产要素在全球范围内的流动增多，各国市场之间的相互依赖程度不断加深。全球价值链理论极大地丰富了国际分工内容。在全球价值链的视角下，产业升级成为各国把握全球化趋势、提高核心竞争力的重要战略选择。

Porter（1990）认为产业优化升级是在一国的人力和物力积累到一定程度后，逐步从劳动密集型产业向资本或者技术密集型产业转变的过程。对于发达国家来说，实现产业升级需要依靠"创造性破坏"。发展中国家则通常通过进口替代和出口导向的贸易政策，依靠要素禀赋的变化来推动国内工业化发展和产业升级。近几十年，随着生产工序的全球分割化，产业升级的含义得到了外延。Gereffi 和 Fernandez-Stark（2016）认为产业升级不仅包括传统的不同产业之间的结构升级，还包含产业内部的工艺、功能或价值链等多种形态的升级。Humphrey 和 Schmitz（2002）将全球价值链下的产业升级划分为工业流程升级、产品升级、功能升级及链条升级四种路径。Tian 等（2019）提出了采用国家间投入产出模型结合因子分析法，衡量了不同国家（地区）不同产业的升级程度。

关于全球价值链对产业升级的影响，目前存在多种不同的研究结论。对于发达经济体，可以归纳出两类主要观点。一类观点认为全球价值链的分工使得发达经济体将低附加值、低效率的生产任务外包给发展中经济体，从而降低生产成本、优化资源配置、促进产业升级（Bhagwati，2014；Baldwin and Robert-Nicoud，2014）。另一类观点则认为发达经济体过多融入全球价值链会导致技术外溢，对产业升级不利（Samuelson，2004）。对于发展中经济体，同样可以归纳出两类观点。一类观点认为全球价值链为发展中经济体产业升级提供了重要机遇，通过承接发达经济体外包的生产任务，发展中经济体可以参与到全球价值链中，通过"技术溢出"和"干中学"提高生产率和技术水平，逐步向更高附加值的生产环节攀升，实现产业升级（Amiti and Wei，2009；Harding and Javorcik，2012）。然而，"干中学"的最终效果与当地的制度、政策和环境也存在很大关系。另一类观点则担心全球价值链分工可能会将发展中经济体锁定在价值链低端（吕越等，2018）。

1.2 区域贸易领域的研究现状

1.2.1 投入产出技术在国际贸易领域的发展

投入产出技术在对外贸易研究领域的应用可追溯到 20 世纪 50 年代，Leontief（1953，1956）利用美国数据对赫克歇尔-俄林（Heckscher-Ohlin，H-O）贸易理论进行了实证检验，提出了著名的"里昂惕夫悖论"（Leontief paradox）。这对传统的要素禀赋理论提出了挑战。里昂惕夫计算了美国在现有生产技术条件下，生产 100 万美元的出口品和竞争性进口品（竞争性进口品即一些虽然进口但国内也大批量生产的东西）消耗的劳动力和资本；在此基础上计算得出资本-劳动比，得出美国出口产业上具有优势的是劳动密集型产业，并不是所想的资本密集型产业的结论。根据要素禀赋理论中的 H-O 定理，美国的优势体现在资本上，理论上出口的应当是资本密集型产品，不是事实的劳动密集型产品。然而里昂惕夫的计算却表明美国实际出口的是劳动密集型产品，这引发了学者对古典贸易理论的反思。为解开"里昂惕夫悖论"之谜，西方学术界提出了许多学说，如劳动熟练说、人力资本说、技术差距说、产品周期说、偏好相似说等，力求从不同角度对这一异常现象做出解释，但至今仍未出现可被广泛认可的解释。

劳动熟练说：由里昂惕夫提出，由 Keesing 发展而成，主要基于技能的差异解释"悖论"。发达国家的比较优势主要体现于生产含有较多熟练劳动的商品上，而发展中国家反之，故熟练劳动的熟练程度是影响国际贸易的因素之一。

人力资本说：由 Kenen 等提出，基于对人力投资的差异来解释"里昂惕夫悖论"，解释出事实上出口符合 H-O 定理，主要是因为熟练劳动其实是投资的结果，人力资本的投入会提高劳动熟练度。美国相对而言具有更高的人力资本投入，拥有更多的熟练技术劳动力，这样来看实际上美国出口的更高劳动熟练度的产品，依然是资本密集型产品。

技术差距说：由 Posner 首先提出，并由 Gruber 和 Vernon 等进一步论证，强调开发新产品、新工艺的能力，会引起国家间的技术差距，开发能力强的国家暂时具有出口该类产品的优势。

产品周期说：由 Vernon 提出，并由 Wells 等加以发展。主要是说产品在不同的生命周期，要素的密集性会出现规律性变化。

偏好相似说：由 Linder 提出，借助国家间的需求相似度来解释工业制成品贸易发展的理论。得出：H-O 定理主要适用于初级产品之间的贸易，并不适用于工业制成品。

后来 Bowen、Trefler 和 Zhu（2010）等学者进一步利用投入产出技术对不同国家进行了相关实证。

第二次世界大战之后国际贸易大幅增长，并呈现出非线性增长现象，经典的李嘉图模型和 H-O 模型不能做出合理解释。在对这一问题的研究中，垂直专业化理论应运而生。垂直专业化现象指的是生产环节跨越多个国家，每个国家完成产品的部分增值。

垂直专业化（vertical specialization）最早由 Balasssa 和 Findly 提出。垂直专业化指一个国家进口的中间产品被该国再生产加工增值之后出口其他国家。Hummels 等（2001）对垂直专业化产品提出了三个判定条件：①某商品包含至少两个连续的生产阶段；②在该商品的生产过程中至少有两个国家参与到价值的增值中去；③在商品的生产过程中至少有一个国家使用到进口的投入品，同时利用此投入品生产出来的产品会被出口出去。

将垂直专业化率定义为一国单位出口品中所完全包含的进口品[即 HIY（Hummels Ishii Yi）方法]，用该指标衡量一国参与国际分工的水平。这是目前衡量垂直专业化程度最为广泛使用的方法。北京大学经济研究中心课题组（2006）利用 HIY 方法测算了中国的垂直专业化率，其数值在 1992 年为 14%，到 2003 年已经提高到 21.8%。相关文献也包括对经济合作与发展组织（Organisation for Economic Co-operation and Development，OECD）国家（Bergoeing et al.，2004；Chen et al.，2005）、欧盟（Amador and Cabral，2009）等进行的研究。学者的研究结果普遍表明各地区的垂直专业化程度都在加深。de Backer 等（2007）甚至发现在 20 世纪 90 年代中期至 21 世纪初期，几乎全部国家的垂直专业化率都在增长。

除了 HIY 方法外，学者基于投入产出表也提出了其他衡量国际分工程度的指标。例如，Feenstra 等采用进口中间投入品与非能源中间投入的比值来计算外包水平。Amador 和 Cabral（2009）定义了垂直专业化的行为，主要提出当某产品在一国出口总值中的比重高于世界平均水平，并且和该出口品相关的进口中间品占本国进口总值的比例也高于世界平均水平时，该国的出口品便表现出垂直专业化。学者采用专业化指数来对垂直专业化的程度进行测算。

垂直专业化的日益普遍使得学者意识到现行的国际贸易的原产地规则无法描述贸易的生产过程，进而导致原产地被错误确定，这会造成贸易的重复计算，歪曲贸易的不平衡度。在此基础上，全球价值链被学术界、政府和国际机构，如世界贸易组织（WTO）、OECD 和世界银行等广泛关注。2011 年 6 月，WTO 总干事 Lamy 指出，统计进出口贸易要以各国的国内增加值作为依据。投入产出技术便是测算贸易增加值的最重要工具（Dietzenbacher et al.，2013）。

学者相继提出了一系列衡量全球价值链和贸易条件的指标。一方面，对贸易方面的计算越来越多地采用增加值计算方法。其中刘遵义等（2007）采用增加值计算方法对中美贸易差额进行了重估。Johnson 和 Noguera（2012）以中、美、日为实例提出了多边贸易不平衡的衡量方法。另一方面的研究主要用于计算各国从贸易中所获得的资本收益、劳动收益。Inomata 等（2008）、Foster 和 Kaplan（2011）提出了新的衡量国际分工和贸易模式的指标。投入产出数据库也相继建立，基于这些数据库，学者进行了大量实证研究。

1.2.2 关于区域投入产出模型的研究

区域投入产出模型作为目前分析区域间关系，探讨区域间产业优化方向的常用工具，被许多学者使用进行研究。Isard（1951）首先建立了地区间投入产出（interregional input-output，IRIO）模型，并对两地区四部门模型进行了描述；该模型在编制各地区内的流量矩阵的基础上，同时编制地区间产品流量矩阵，因为对基础数据的需求量很大，编表较为困难。Chenery（1953）和 Moses（1955）两位学者先后独立地提出了列系数方法；该模型采用一定的假设，进行同质化假设，只利用每一部门产品在各区域之间流量的数据，在不编制投入产出表的基础上推算得到地区间的贸易系数。Leontief 和 Strout（1963）在不区分不同地区的产品流入、流出的基础上，利用引力模型（gravity model）计算地区间各部门产品的贸易量；在对摩擦系数进行估算的时候，提出了不同基础数据条件下的估算方法，包括精确解法、简单解法、最小二乘法及点估计法。Schaffer 和 Chu（1969）率先将区位商法（简单区位商法、购买区位商法和跨产业区位商法）用于区域投入产出模型的研究，用不同区位商法建立产业间模型，并与实际投入产出表进行对比，得出结论：非调查法无法取代调查法。Polenske（1970，1980，1995）、Polenske 和 Hewings（2004）对多区域投入产出（multi-regional input-output，MRIO）模型中的重力模型、行系数模型和列系数模型进行了实证检验，证明列系数模型是最有效的，并将其用于研制美国 51 个州的 MRIO 模型。陈锡康（1988）利用典型调查数据，采用列系数模型编制了江苏省 1985 年 171 类别的苏南-苏北地区间投入产出表。井原健雄（1996）提出了用运输量分布系数来估计摩擦系数的方法，这种方法需要假定从某一地区向其他地区的物资输送量的分配比例与物资中重要产品的分配比例存在近似性。国内外也有诸多学者，利用 MRIO 模型进行了一些实证研究。Black（1971，1972）对贸易引力模型距离参数的幂进行了实证研究，样本数据来自美国人口普查局；研究结果表明：生产商运输量比例与市场份额成正比、与幂值成反比，地方的流量占总的流量的比重与幂值成正比。Chisholm 和 O'Sullivan（1973）应用英国 1962 年和 1964 年的贸易流量数据，采用引力模型及线性规划进行测算。Bröcker（1989）指出各种引力模型（包括带约束的、不带约束的和带弹性约束的）都具有简化方法，通过改进的萨谬尔森空间价格均衡模型达到简化，在此基础上提出了空间相互作用矩阵，研究了地区间贸易流量。刘强和冈本信广（2002）先使用区位商法计算了直接消耗系数，接着用计量方法测算了地区间的交易矩阵，编制了一个三地区的地区间投入产出模型，对此进行了相关研究分析。张亚雄等（2010）系统介绍了国家间投入产出模型、中国非竞争型投入产出模型的研制及应用方法。张亚雄等（2012）提出了一个新的区域间贸易系数的估算模型，对中国区域间投入产出模型研制方法和具体步骤做了进一步的研究和完善，并研制了 2002 年和 2007 年中国区域间投入产出模型。潘文卿和李跟强（2017）基于我国 1997 年、2002 年和 2007 年投入产出表，对中国区域间贸易成本进行了测度和分解。葛阳琴和谢建国（2019）基于全球 MRIO 模型，运用分层式结构分解法测算了 1995~2014 年国内外需求变化对中国劳动力就业波动的影响。李自若等（2020）构建了 1992~2017 年我国 28 个省区市（不包括澳门、海南、台湾、西藏、香港和重庆）的省内贸易、省际双边贸易及国际贸易数据库，并基于该数据库从重量、贸易总额及部门贸易角度全面分析了我国省际贸易演变特征。何雅兴和马丹（2022）构建了异质性区域间投入产出表，建立了我国省级区域增加值分解测算框架，从单一全球价值链分工、国内价值链和全球价值链协同分工视角进行了对比分析。孙克娟等（2022）系统比较了统计法、优化法、动态投入产出模型、假设提取法、可计算一般均衡（computable general equilibrium，CGE）模型等多种投入产出表更新方法，指出反映全球价值链分工特征的 GVC-CGE 模型在经济学基础、政策模拟、数据更新等方面具有一定优势，在此基础上构建了基于 GTAP 的 GVC-CGE 模型，以《区域全面经济伙伴关系协定》（Regional Comprehensive Economic Partnership，RCEP）为例，模拟仿真全球价值链的特征变化。郑正喜等（2023）首先从理论角度剖析了多区域表与单区域表之间的数据关联，发现不同多区域表在不同指标上的数据衔接能力存在明显差异；通过对数据质量评估问题的多方位探讨，基于强化多区域表核算功能的视角提出了一种相对有效的评估思路，并设计了相应的量化评估方案；最后从指标和地区两个角度进行评估实证。

1.2.3 引力模型在区域经济方面的研究现状

真正意义上的引力模型是由经济学家 Stewart 在 1948 年首先提出的。Stouffer 在 1940 年提出中介机会这一概念，他发现距离本身对距离衰减规律来说并不是决定因素，是由于中介机会的存在才有运动随距离的增加而衰减这一现象。在此基础上，引力模型成为研究空间相互作用的常用工具。爱德华等学者利用引力模型进行了区域经济的相关应用研究。

国内学者在借鉴国外相关学者研究成果的基础上，也进行了大量的研究，取得了不错的成果。陈雯（2002）运用贸易比重法和引力模型，测算了自贸区建设对东盟地区贸易方的影响，研究表明自贸区的建设可以加速东盟区域的贸易发展。姜书竹和张旭昆（2003）利用贸易引力模型分析了双边贸易的影响因素。盛斌和廖明中（2004）利用引力模型测算了我国对 40 个主要贸易伙伴的出口潜力，研究显示中国出口整体上为"过度贸易"。孙逊等（2014）基于现有的引力模型计算了辐射范围的缺陷，基于雷利法则创造出改进了的引力模型，在此基础上定义了物流辐射力。李俊久和丘俭裕（2017）运用扩展的贸易引力模型将贸易协定签署、共同语言和文化影响纳入模型中研究了中国对亚太经济合作组织（APEC）成员的出口潜力，发现这些因素对中国的出口潜力有促进作用，而直接投资对出口潜力的促进作用不显著。刘潇潇等（2022）基于修正的引力模型分析了湖北省各地级市之间的经济联系。

1.3 关于中国与东盟产业合作和竞争的研究

1.3.1 关于东盟与中国产业合作的研究

随着自贸区的发展，中国和东盟地区的研究获得了越来越多的学者的关注，定性分析研究比较多。Holst 和 Weiss（2004）采用计量模型计算了贸易流量，研究发现：在短期内中国和东盟国家在美国、日本等的第三方市场上存在竞争，但长期来看全球化可以容纳所有经济体的出口增长，通过产业结构的优化可以获得最佳区域分工。Mulapruk 和 Coxhead（2005）借助引力模型验证了两个假说：①贸易转向问题——东盟出口到中国的贸易量的增加会使得出口到其他国家的贸易量减少；②贸易竞争问题——东盟地区和中国在制造业上存在竞争关系。车勇和夏祥国（2006）利用产业内贸易理论，探讨了中国和东盟区域形成产业分工的原因，研究发现：中国和东盟各国家的贸易逐渐从传统的、基于要素禀赋差异的产业间贸易转向规模经济、需求偏好重叠的产业内贸易，且趋势正在加强。Qiu等（2007）基于中国农业决策支持系统计算了 CAFTA 的建立对中国农业区域发展的影响，研究发现：CAFTA 提高了双方的资源利用率，对农业贸易具有正向影响，CAFTA 建立后中国增加了其具有比较优势的产品的出口，对东盟具有比较优势的产品则加大了进口，地域间存在差异，中国北部、东北部和东部地区受益于 CAFTA，而南部地区的发展受到阻碍。杨宏恩（2009）分析了东盟与中国合作的显性动机（扩大对中国的出口）和隐性动机（扩大外资的流入量），并建立计量模型检验证明了东盟实现了其动机。关伟和任伟（2009）主要分析了中国西南地区的出口产业结构，指出双边应进行分工、合作，注意发挥各自的优势，充分调动各方积极性，不断完善自身的设施结构形成国际性综合产业基地，从而在 CAFTA 进程中形成"共赢"的局面。胡国良等（2017）建立了国际投入产出模型分析中国与东盟产业合作对双方 GDP 的影响及其途径，利用 2011 年亚洲开发银行（Asian Development Bank）的 MRIO（简称 ADB-MRIO）表分别测算了在两种极端情形下，中国与东盟产业合作对各个国家 GDP 的拉动效应，并对总效果做了综合评价。

1.3.2　关于中国与东盟出口产业的研究

对中国和东盟出口产业问题的研究大多由国内学者进行，主要集中在定性分析角度，只有少量的定量分析，而且往往基于总量数据，利用影响力系数和感应度系数进行前后向关系分析，以此探讨产业优化方向。史智宇（2003）从商品域、市场域两个方面对中国与东盟在全球经济市场上的出口相似程度进行了计算，测算发现中国与东盟的出口结构愈加趋同，表明中国和东盟地区具有相似的演化路径，中国与东盟在出口上的竞争是长期的。朱小明等（2021）立足于 CAFTA 框架，基于出口技术复杂度、出口产品质量、出口方式和出口模式四个指标维度，考察了中国对东盟出口结构的演进趋势，研究表明：出口结构得到优化，出口产品质量与其他指标之间表现出较好的协同性，加工贸易与间接出口之间存在替代性。

1.4　贸易便利化的定义与理论基础

在全球化背景下，自由贸易得到了快速发展。然而，不同国家和市场之间的各种壁垒限制了商品和生产要素的高效流动，阻碍了国际贸易的发展。因此，有关贸易便利化的研究逐渐崭露头角。WTO将贸易便利化定义为消除货物跨境流动的障碍，如简化海关程序等。APEC则将贸易便利化定义为精简过境过关审批程序，节约时间和降低行政成本。OECD提出了一系列精简技术和法律程序的具体措施，涵盖贸易货物出入关程序和人员流动手续的简化。贸易便利化的狭义定义仅涉及通关程序的简化和港口基础设施建设，广义的贸易便利化则包括简化国际贸易中的政治和商业流程，降低时间冗余和交易成本，实现资源有效配置，提高经济和社会利益。

自由贸易理论是贸易便利化的基础。亚当·斯密在《国富论》中提出了绝对优势理论，大卫·李嘉图在此基础上提出了比较优势理论，用来解释没有绝对优势的国家仍然可以通过生产某些商品而从双边贸易中获利。赫克歇尔和俄林在此基础上解释了比较优势的来源，认为国家之间的禀赋差异是主因，可以利用禀赋差异来发挥比较优势，同时该模型解释了一国通过改善贸易便利化来减少交易成本，可以更加集中地利用丰富要素，从而增加该要素的实际回报。贸易便利化的内涵虽不断完善，但是并未形成标准定义，学者主要基于贸易便利化的一般内涵构建指标体系对贸易便利化进行衡量。具有代表性的是威尔森提出的采用口岸效率、海关环境、规制环境和电子商务4个一级指标及13个二级指标的指标体系。段景辉和黄丙志（2011）对此进行了扩展，构造了包含政策环境、海关管理环境、物流与基础设施环境和政府与金融环境4个一级指标、9个二级指标和28个三级指标的指标体系。贸易便利化指标体系随着贸易便利化内涵的延伸而不断扩大，数据一般来自世界经济论坛的《全球竞争力报告》和《全球贸易便利化报告》，以及世界银行的《营商环境报告》等。研究者通过算术平均、层次分析、主成分分析、因子分析及熵值法等方法计算指标权重，得出反映贸易便利化水平的综合指标。同时，已经有许多研究者对贸易便利化对国际贸易的影响进行了分析。例如，Moïsé和Sorescu（2013）构建了一个基于全新数据集的贸易便利化指标，实证结果表明，多回合谈判的实施能够使发展中国家贸易成本降低约14%。

第 2 章　CAFTA 贸易现状分析

2.1　CAFTA 的成立背景及发展进程

2.1.1　CAFTA 的成立背景

CAFTA 是由东盟十国[①]和中国共同建设的自由贸易区。该贸易区是全球三大自贸区之一。

20 世纪 80 年代以来，贸易自由化和区域经济一体化的迅猛发展加快了全球区域合作进程，全球化、一体化成为焦点所在。为寻求经济的更快速发展，建立各类优惠经贸合作关系逐渐成为诸多国家的政策选择。为打破西方的贸易封锁壁垒，发展中国家不断加强国际经济合作，CAFTA 应运而生。

CAFTA 的概念在 2001 年首次被正式提出。2002 年 11 月，《中华人民共和国与东南亚国家联盟全面经济合作框架协议》(简称《中国-东盟全面经济合作框架协议》)正式签署，签署仪式由中国总理朱镕基和东盟十国的领导人参与，协议表示 CAFTA 会在 2010 年建成。2010 年 1 月 1 日，CAFTA 建成。CAFTA 建成后，中国与东盟地区之间的双边贸易额占到世界贸易的 13%，CAFTA 成为一个涵盖 11 个国家、19 亿人口和 60 000 亿美元 GDP 的庞大经济联盟，是发展中国家建立的最大自贸区。

2.1.2　CAFTA 的发展进程

CAFTA 的建设进程基本上可以被划分为如下四个主要阶段。

第一阶段：1991~2001 年，双方初步合作。1991 年 7 月，东盟首次邀请中国国务委员兼外交部部长钱其琛参加第 24 届东盟外长会议，中国开始与东盟建立正式对话。1996 年 7 月，国务院副总理兼外长钱其琛出席第三届东盟地区论坛外长

---

① 东南亚国家联盟（简称东盟）的前身是 1961 年 7 月 31 日在曼谷成立的东南亚联盟，主要包括马来亚（后来分成马来西亚和新加坡）、菲律宾和泰国。1967 年 8 月 7 日至 8 日，印度尼西亚、泰国、新加坡、菲律宾四国外长和马来西亚副总理在曼谷举行会议，发表了《曼谷宣言》，正式宣告东南亚国家联盟成立。文莱（1984 年）、越南（1995 年）、老挝（1997 年）、缅甸（1997 年）、柬埔寨（1999 年）先后加入其中，现有成员国十个。总部东盟秘书处设在印度尼西亚首都雅加达。

会议及中国与东盟首次对话会议，中国成为东盟正式对话伙伴国。1997年7月，亚洲金融危机爆发，东南亚国家的经济受到重创，中国政府不惜牺牲自身代价而坚持人民币不贬值，向泰国和印度尼西亚提供经济援助，赢得了东盟国家一致好评。同年年底，东盟与中国建立了"面向21世纪的睦邻互信伙伴关系"，这标志着中国与东盟的关系进入了一个新阶段。

第二阶段：2002~2010年，这一阶段主要完成关税下调。在这一阶段，2002年《中国-东盟全面经济合作框架协议》签订完成。2003年，在第七次中国-东盟领导人会议期间，温家宝总理签署了《面向和平与繁荣的战略伙伴关系联合宣言》，中国与东盟发展成为战略协作伙伴。2007年1月，中国与东盟签署《中华人民共和国政府与东南亚国家联盟成员国政府全面经济合作框架协议服务贸易协议》（简称《服务贸易协议》）。2009年8月，双方签署《中华人民共和国政府与东南亚国家联盟成员国政府全面经济合作框架协议投资协议》（简称《投资协议》），该协议的签署标志着中国-东盟自贸区协议的主要谈判基本完成。2010年1月，CAFTA正式建立。从2010年开始中国对东盟93%的产品的贸易关税降为零。

第三阶段：2011~2015年，自贸区在这一阶段全面建成。2013年10月，中国国家领导人对东盟提出了共建"21世纪海上丝绸之路"和打造CAFTA升级版的倡议，希望能够将中国与东盟的合作推向更高水平的"钻石十年"。2014年8月，中国与东盟启动自贸区升级版谈判，从准入条件、人员往来等方面推动双方投资领域的实质性开放，进一步提升贸易、投资自由化便利化水平。在此阶段，新四国（即越南、老挝、柬埔寨、缅甸）与中国开展双边贸易的大多数产品都实现了零关税，CAFTA全面建成。

第四阶段：2016年后，主要是进行自贸区后续政策等的完善。

2.1.3 建立CAFTA的意义

自由贸易区的建立对中国和东盟地区的经济发展具有重要意义，它有助于加快双方经济的良好发展，并扩大双方的贸易和合作规模，实现优势互补，提升区域的竞争力。

对于中国而言，CAFTA的建立对我国经济会产生正向积极的作用，具体表现在以下几个方面。

（1）提高我国总体的经济实力，优化产业结构。

（2）在一定程度上减少与周边国家在经济发展中的摩擦。

（3）帮助中国更好地参与国际事务并与国际经济接轨。

（4）为中国的企业提供更多海外发展的空间和机会。

（5）缓解我国的能源需求问题。

对于东盟地区而言，CAFTA 的建立有效推动了东盟地区的经济发展，具体体现在以下几个方面。

（1）中国庞大的商品需求为东盟提供了抢占中国市场的机会。相对于东盟而言，中国不仅是一个巨大的现实市场，还是一个巨大的潜在市场。

（2）CAFTA 的建立便利了东盟国家吸引外资，近年来东南亚地区吸引到的外商直接投资一直在回升。

（3）成员国之间开展自由贸易加速了东盟地区的经济整合。

对于中国和东盟地区来说，CAFTA 的建立将带来更加紧密的经济联系和互利共赢的机会，促进双方在贸易、投资、技术合作等领域的进一步发展。这将为区域经济的可持续发展和提升国际竞争力做出重要贡献。

2.1.4 《中国-东盟全面经济合作框架协议》主要内容

2002 年 11 月 4 日，中国和东盟十国领导人共同签署了《中国-东盟全面经济合作框架协议》，标志着双方经贸合作进入了新的历史阶段。该协议主要目标是通过贸易和投资合作来推动 CAFTA 的建设，协议的核心是将逐步对商品贸易取消关税和非关税壁垒。2013 年中国提出升级谈判，随后，于 2015 年，经过升级谈判，升级后的《中国-东盟全面经济合作框架协议》得以签署。

《中国-东盟全面经济合作框架协议》是 CAFTA 的法律基础。其中包括以下具体协议。

1. 《货物贸易协议》

《中华人民共和国政府与东南亚国家联盟成员国政府全面经济合作框架协议货物贸易协议》（简称《货物贸易协议》）由 23 个条款和 3 个附件组成。协议的核心内容包括逐步取消和降低关税，建立贸易公平规则等。协议以 WTO 规则为基础，同时考虑到 CAFTA 的自身需求。实施该协议有助于降低贸易壁垒，改善市场交易环境，促进产业出口贸易发展，为我国相关产业通过扩大贸易规模和降低生产成本的方式实现规模经济创造了有利条件。

2. 《服务贸易协议》

《服务贸易协议》于 2007 年 1 月 14 日正式签署。其框架和内容与 WTO 的《服务贸易总协定》基本一致，并考虑自贸区的特殊需求，为越南、柬埔寨、缅甸和老挝等国提供了更加灵活的特别条款。协议涵盖了服务贸易的定义和范围、成员国的义务和纪律，以及责任划分等内容。该协议的实施为资本积累提供了良好的基础条件。

3.《投资协议》

《投资协议》于 2009 年 8 月 15 日正式签署,共包含 27 个条款,旨在提供法律和制度保障,以实现投资环境的安全化和便利化。协议涉及投资待遇规定,包括国民待遇和最惠国待遇。该协议的目标是建立一个自由、便利、透明及竞争的投资体制,促进双方的投资合作。

4.《争端解决机制协议》

《中华人民共和国与东南亚国家联盟全面经济合作框架协议争端解决机制协议》(简称《争端解决机制协议》)于 2004 年 11 月正式签署,与《货物贸易协议》同时生效。随着经济合作领域的拓宽,争端不可避免地会出现。通过事先制定出解决争端的规则,可以有效促进协议的实施,并实现互惠互利的效果。

这些协议的签署和实施对于加强中国和东盟地区的经贸合作、促进双方经济发展和提升区域竞争力具有重要意义。

2.2　中国和东盟贸易的基本情况

2.2.1　中国与东盟贸易概况

1. 中国贸易概况

我国对外贸易发展呈现阶段性特征。

第一阶段是改革开放之前,我国采用计划经济贸易模式。贸易主要依赖国家垄断制度的保护政策,并以"互通有无,调剂余缺"的基本原则为主导。贸易政策高度集中,主要包括进出口许可、关税保护、外汇管理、货运监督与查禁走私及出口商品检验制度等。在这个时期,我国的进口受限,出口由国家垄断,1978 年我国出口额仅占全球出口额的 0.75%。

第二阶段(1979 年至 1987 年)是中国对外体制改革的探索时期。在这一阶段,我国采用了分级管理制度,由党中央集中统一领导、制定政策和规划,并由中央和各省份进行分级管理。此外,中国还建立了四个经济特区,打开了广东、福建等地区的贸易通道,实现了贸易自由化。到 1987 年,我国已建立起一个新的投资框架,初步完善了关税和非关税壁垒,并下放了外贸经营权和进口定价。在这个阶段,我国的外贸增长速度达到 12.6%。

第三阶段(1988 年至 1999 年)是中国对外贸易的稳步发展时期。这一时期的贸易制度可以归结为开放型适度保护。中央进行了权力的下放,主要运用价格、退税、利率以及出口信贷等手段进行宏观调控；对相关贸易法律也进行了相应完善。这一时期我国外贸增速达到了13.5%。

第四阶段（2000年至2008年）是中国实施以WTO规则为基础的对外经济贸易体制的时期。我国进行了三项改革，包括调整政策法规、加快外贸主体多元化和调整外贸主管部门的职能。在这一阶段，我国的外贸政策转向协调管理的相对自由。2008年，我国的进出口总额突破了2.5万亿美元，比2007年增长了17.8%。其中出口额为1.4285万亿美元，增长了17.2%；进口额为1.1331万亿美元，增长了18.5%。贸易顺差为2955亿美元，比2007年增加了328亿美元。中国的外贸总额稳居世界第三位。

第五阶段（2009年至今）是中国急需贸易转型的时期。全球金融危机对经济产生了巨大影响，贸易保护主义的兴起也增加了中国与外部贸易的摩擦。为推动全球经济走出低迷，贸易自由化和便利化是最佳选择，而贸易摩擦则会对全球经济产生不利影响。当前，中国迫切需要进行贸易转型升级，利用国际贸易规则维护自身权益，并提高应对贸易摩擦的效率。

这些阶段的发展反映了中国对外贸易制度的演变和政策调整，对于中国经济的发展和全球贸易格局的变化具有重要意义。

2. 东盟贸易概况

东盟地区的贸易趋势逐渐向自由化方向发展，进出口规模在全球贸易中的比重基本稳定，并且政策更加透明和公开。同时，东盟各国也致力于降低关税水平。根据表2.1的数据，在2009年至2014年期间，东盟的出口总额占全球的比重达到了5.2%。其中，商品贸易出口占比为5.5%，服务贸易出口占比为4.2%。

表2.1 东盟进出口在世界所占比重的变化（单位：%）

类别	进口				出口			
	1990~1995年	1996~2001年	2002~2008年	2009~2014年	1990~1995年	1996~2001年	2002~2008年	2009~2014年
商品	5.3	6.3	6.4	6.6	5.6	5.8	5.5	5.5
服务	4.9	5.8	5.7	5.8	4.4	4.8	4.4	4.2
总额	5.2	6.2	5.8	5.9	5.4	5.6	5.4	5.2

资料来源：联合国商品贸易统计数据库（UN Comtrade Database）

这些数据表明，东盟地区在国际贸易中扮演着重要角色。随着贸易政策的改革和自由化的推进，东盟成员国之间及与其他国家之间的贸易流动日益活跃。此外，东盟国家也在积极推动贸易便利化和减少贸易壁垒，为促进区域经济一体化做出了努力。

东盟地区作为全球贸易的重要组成部分，其贸易发展对区域内外国家的经济增长和合作具有积极影响。东盟成员国通过加强经贸合作，促进贸易自由化和便利化，为地区的繁荣和稳定做出了贡献。随着东盟的进一步发展，预计其在全球贸易中的地位和影响力将继续增强。

2.2.2 中国-东盟进出口贸易总额变化分析

根据图 2.1 和表 2.2 的数据，总体上，中国和东盟地区的双边贸易额从 1991 年的 79.6 亿美元增长到 2015 年的 4721.6 亿美元（包含货物贸易和服务贸易），年均增长率为 18.5%。这一增速远高于中国与其他国家之间的贸易增速。2015 年，中国成为东盟的第一大贸易伙伴，中国与东盟的货物进出口额占东盟货物进出口总额的 19%。与此同时，东盟成为中国的第三大贸易伙伴、第四大的出口市场以及第二大的进口来源地。对中国-东盟进出口贸易总额的变化进行分析主要可以得到如下六点结论。

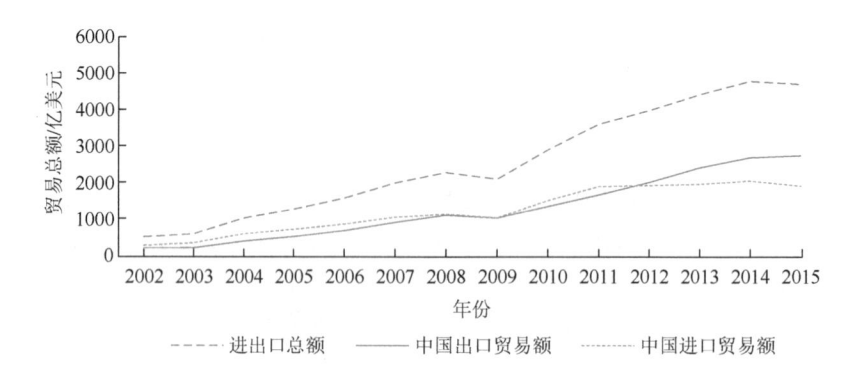

图 2.1　2002~2015 年中国对东盟进出口贸易额变化走势图

表 2.2　中国-东盟进出口贸易情况（1991~2015 年）

年份	中国-东盟进出口贸易额		中国出口贸易额		中国进口贸易额		贸易差额/亿美元
	金额/亿美元	同比/%	金额/亿美元	同比/%	金额/亿美元	同比/%	
1991	79.6	19.0	41.4	10.7	38.2	29.4	3.2
1992	84.7	6.4	42.6	2.9	42.0	9.9	0.6
1993	106.8	26.1	46.8	9.9	60.0	42.9	−13.2
1994	132.1	23.7	63.8	36.3	68.3	13.8	−4.5
1995	194.9	47.5	97.6	53.0	97.3	42.5	0.2
1996	204.0	4.7	97.0	−0.6	107.0	10.0	−10.0
1997	243.6	19.4	120.3	24.0	123.3	15.2	−3.0

续表

年份	中国-东盟进出口贸易额		中国出口贸易额		中国进口贸易额		贸易差额/亿美元
	金额/亿美元	同比/%	金额/亿美元	同比/%	金额/亿美元	同比/%	
1998	238.0	−2.3	111.6	−7.2	126.3	2.4	−14.7
1999	271.0	13.9	121.7	9.1	149.3	18.2	−27.5
2000	395.2	45.8	173.4	42.5	221.8	48.6	−48.4
2001	416.1	5.3	183.9	6.1	232.3	4.7	−48.4
2002	547.8	31.7	235.8	28.2	312.0	34.3	−76.1
2003	782.5	42.8	309.3	31.2	473.3	51.7	−164.0
2004	1058.7	35.3	429.0	38.7	629.7	33.0	−200.7
2005	1303.6	23.1	553.7	29.1	749.9	19.1	−196.3
2006	1608.4	23.4	713.1	28.8	895.3	19.4	−182.2
2007	2025.3	25.9	941.5	32.0	1083.9	21.1	−142.4
2008	2313.2	14.2	1143.2	21.4	1170.0	7.9	−26.9
2009	2130.1	−7.9	1062.6	−7.1	1067.5	−8.8	−4.9
2010	2928.6	37.5	1381.6	30.0	1547.0	44.9	−165.4
2011	3630.9	24.0	1700.7	23.1	1930.2	24.8	−229.5
2012	4001.5	10.2	2042.5	20.1	1958.9	1.5	83.6
2013	4436.0	10.9	2440.4	19.5	1995.6	1.9	444.8
2014	4802.9	8.3	2720.5	11.5	2082.4	4.3	638.1
2015	4717.7	−1.8	2772.9	1.9	1944.7	−6.6	828.2

资料来源：1991～1997年数据来源于《中国对外经济统计年鉴》(包含货物和服务进出口数据)，1998～2015年数据来源于国家统计局(仅为货物进出口数据)

（1）1991年至2015年间，中国和东盟的双边贸易额呈现快速增长的趋势。双边贸易额从1991年的79.6亿美元增长至2015年的4721.6亿美元，年均增长率为18.5%。中国-东盟贸易的快速增长反映了双方之间贸易合作的紧密程度。

（2）中国-东盟贸易额占中国对外贸易额的比重也逐渐增加。1991年，中国-东盟贸易额仅占中国对外贸易额的5.9%，到2015年增长到11.9%。这表明中国-东盟贸易在中国对外贸易中的重要性不断提升。

（3）自2002年签署协定以来，中国和东盟的贸易额快速增长。中国成为东盟最大的贸易合作伙伴，东盟成为中国的第三大贸易伙伴。双边货物贸易总额从2002年的547.8亿美元增长到2015年的4717.7亿美元。

（4）从2012年开始，中国对东盟的贸易逆差转变为贸易顺差，并且贸易顺差逐渐增加。2002年至2011年间，中国对东盟一直保持贸易逆差状态，但在2012年首次出现贸易顺差。这表明中国对东盟的贸易逐渐趋于平衡，并向更加有利于中国的方向发展。

（5）2010年后，中国和东盟之间的贸易增速开始趋缓，2015年甚至出现了负增长。2010年的贸易增速为37.5%，但随后逐渐下降，2015年同比下降1.8%。这可能受到全球经济形势和贸易保护主义的影响。

（6）2008年金融危机对中国-东盟贸易造成了一定的影响，2009年双边货物贸易额出现下降。金融危机导致双边货物贸易额较2008年下降了183.1亿美元，同比下降7.9%。

总体而言，中国和东盟之间的贸易合作持续增长，中国成为东盟的重要贸易伙伴，双边贸易额逐渐趋于平衡。然而，全球经济环境和贸易保护主义等因素可能会对贸易增速产生一定影响。双方可以继续加强合作，推动贸易自由化，以应对挑战并实现更加可持续和互利共赢的贸易关系。

2.2.3 中国-东盟进出口贸易总额的国别分析

1. 进出口贸易总额分析

中国与东盟国家的贸易关系在过去几十年中持续增强。中国与东盟各国的贸易总额呈现出明显的增长趋势，表2.3详细展示了中国对东盟各国贸易总额的变化情况。

表2.3 中国对东盟各国贸易总额及占中国-东盟双边贸易总额的比重

国别	1994年 进出口总额/亿美元	占比/%	1999年 进出口总额/亿美元	占比/%	2009年 进出口总额/亿美元	占比/%	2014年 进出口总额/亿美元	占比/%	2019年 进出口总额/亿美元	占比/%
新加坡	50.5	35.2	85.6	31.6	478.6	22.5	797.4	16.6	900.4	14.0
印度尼西亚	26.4	18.4	48.3	17.8	283.9	13.3	635.5	13.2	797.6	12.4
马来西亚	27.4	19.1	52.8	19.5	519.7	24.4	1020.1	21.2	1240.5	19.3
菲律宾	7.5	5.2	22.9	8.4	205.4	9.6	444.6	9.3	609.6	9.5
泰国	20.2	14.1	42.2	15.6	381.9	17.9	726.2	15.1	917.5	14.3
文莱	0.2	0.1	0.1	0.0	4.2	0.2	19.4	0.4	11.0	0.2
越南	5.3	3.7	12.2	4.5	210.5	9.7	836.4	17.4	1619.9	25.2
老挝	0.4	0.3	0.3	0.1	7.5	0.4	36.2	0.8	39.2	0.6
缅甸	5.1	3.6	5.1	1.9	29.0	1.4	249.7	5.2	187.0	2.9
柬埔寨	0.4	0.3	1.6	0.6	9.4	0.4	37.6	0.8	94.3	1.5

第 2 章　CAFTA 贸易现状分析

2014 年，马来西亚、越南和新加坡为中国和东盟双边贸易额最大的三个国家。双边货物贸易额依次为 1020.1 亿美元、836.4 亿美元和 797.4 亿美元，增速分别为 -3.8%、27.7% 和 5.1%。与 2013 年相比，中国和马来西亚的货物贸易额有所下降，但仍然超过 1000 亿美元，仍然是东盟国家中我国最大的贸易伙伴。中国和马来西亚的双边货物贸易额占中国与东盟双边货物贸易额的 21.2%。

自 2014 年起，中国连续两年成为新加坡最大的贸易伙伴，同时新加坡也是中国在东盟国家中的外国投资者中占比最大的国家。2015 年，中国对东盟中的越南、新加坡和马来西亚三个国家出口额最高，分别为 637 亿美元、489 亿美元和 464 亿美元。中国对东盟中的马来西亚、泰国和新加坡三个国家进口额最高，分别为 556.6 亿美元、383.8 亿美元和 308.3 亿美元。此外，中国对马来西亚、泰国和缅甸存在贸易逆差，对东盟地区其他国家则存在贸易顺差。

2009 年，中国与马来西亚的双边贸易额超过新加坡，马来西亚成为中国在东盟地区最大的贸易合作伙伴。中国与东盟的贸易呈现出"三国鼎立"的局面，即"新马泰"（新加坡、马来西亚、泰国）相对均衡地占据了中国在东盟地区的主要贸易往来。这三个国家与中国的贸易额均占中国与东盟地区贸易总额的 20% 左右。印度尼西亚、菲律宾和越南与中国的贸易额均约占中国与东盟地区的总贸易额的 10%。文莱、缅甸、老挝和柬埔寨四国与中国的贸易额约占中国与东盟地区的总贸易额的 2.4%。直到 2015 年，马来西亚仍是中国在东盟地区的最大贸易伙伴。

2014 年，越南和中国贸易交流呈现扩大趋势，双边贸易额占中国和东盟贸易总额的比例增加到 17.4%。越南首次超过泰国，成为东盟国家中与中国双边贸易额的第二位。菲律宾的占比略有下降，文莱、缅甸、老挝和柬埔寨四国占比有所增加，合计达到 7.2%。新加坡、马来西亚、泰国、越南、印度尼西亚和菲律宾六个国家与中国的贸易额占中国与东盟的贸易总额的比重高达 92.8%，是中国在东盟地区最主要的贸易伙伴。

2019 年，越南成为东盟国家中同中国关系最密切的国家，与 2014 年相比同中国的进出口贸易额实现翻番，两国双边贸易额占中国与东盟双边贸易额的四分之一。与此相伴随的是马来西亚、泰国、新加坡、印度尼西亚等国占比下降，其中新加坡占比呈现出持续下降趋势，甚至低于泰国，不再是东盟国家中与中国双边贸易额前三名的国家。除柬埔寨、泰国、菲律宾与越南外，其余东盟国家在 2014 年后与中国的双边贸易额出现连续两年的下降，后又出现显著回升。中国在东盟最主要的贸易伙伴格局并没有发生变化，新加坡、马来西亚、泰国、越南、印度尼西亚和菲律宾六个国家与中国的贸易额占中国与东盟的贸易总额的比重高达 94.7%。

总体而言，中国与东盟国家的贸易关系持续增强，中国成为东盟最大的贸易伙伴，同时东盟也是中国重要的贸易合作伙伴之一。各国间的贸易额分布略有变动，但"新马泰"仍然在中国与东盟贸易中占据重要地位。同时，中国与其他东盟国家的贸易额也在不断增长，表明双方经济合作潜力巨大。

2. 东盟国家产业发展情况

从产业上看，东盟各国发展水平和优势产业各不相同。以下是各国的情况。

新加坡：作为东盟地区工业化最先进的国家，新加坡经济主要依赖国际贸易，尤其是转口贸易。制造业是新加坡的关键部门，其次是商业服务和金融业。新加坡与中国之间的多项合作协议促进了两国贸易的发展，并为两国未来的贸易市场带来了广阔前景。

印度尼西亚：石油和农业是印度尼西亚的优势产业。石油和天然气是印度尼西亚的主要出口产品。然而，在1997年的亚洲金融危机中，印度尼西亚的经济遭受了严重的衰退。此外该国在棕榈油、橡胶和矿产资源开发方面具有优势。印度尼西亚主要向中国出口石油、天然气和棕榈油等产品，从中国主要进口家电产品和纺织品等商品。

马来西亚：马来西亚的产业多元化，包括石油和天然气、电子、汽车和航空航天等。该国以其强大的制造业基础著称，尤其是在电子和汽车零部件领域。此外，马来西亚也是世界上最大的橡胶生产国之一。近年来，两国贸易稳步快速发展，2014年中马双边贸易额超1000亿美元。

泰国：其主要产业包括农业、旅游业和汽车制造业。泰国在制造业领域拥有竞争优势，特别是电子、汽车和食品加工等细分领域。此外，农业也是泰国的重要支柱，主要包括稻米、橡胶、水果和海产品。中泰两国的贸易关系在稳步发展。特别是在海洋领域，中泰两国合作良好。"海上丝绸之路"的建设推动了中泰两国经济和贸易的更快发展。

菲律宾：服务业是其经济的主要支柱，主要包括商业过程外包、旅游和金融服务。此外，菲律宾也在农业和制造业方面有一定的优势，如农产品、电子产品和家具。

越南：作为东盟地区制造业的重要中心之一，该国的优势产业包括纺织品、服装、电子产品、鞋类和家具。越南也在吸引外国直接投资方面取得了显著成就，并成为全球制造业转移的热门目的地之一。

柬埔寨：柬埔寨的经济主要以农业、纺织业和旅游业为支柱。纺织业是该国最大的出口行业之一，同时旅游业也在快速发展，吸引了大量的国际游客。

缅甸：作为东盟地区最后开放经济的国家之一，该国的优势产业包括农业、能源和矿产资源开发。近年来，缅甸吸引了许多外国投资，特别是在能源、制造业和旅游业等领域。

文莱：石油和天然气的生产和出口占国内生产总值50%以上，能源经济部门与非能源经济部门发展严重不平衡。文莱农业基础薄弱，伐木业受到限制，渔业资源丰富但产业规模极小，水稻和水产主要依赖进口。

老挝：农业为主要支柱产业，主要有水稻、玉米、薯类、咖啡、烟叶、花生、棉花等作物，矿产和水力资源丰富但工业基础薄弱。老挝拥有寺庙与瀑布等独特且丰富的旅游资源，旅游业近年来持续发展，成为老挝的新兴产业。

这些国家的产业发展各有特色，东盟内部的合作和互补关系为整个地区的经济繁荣和增长提供了机会。东盟作为一个整体，通过推动区域一体化和加强经济合作，不断加强成员国之间的联系和互利合作，实现共同发展。

2.2.4 中国出口增加值情况分析

根据表2.4的测算结果，我国出口增加值主要呈现如下特点[①]。

表2.4 2010年和2011年中国的出口增加值

	每1 000美元出口含有的国内增加值/美元		总出口含有的国内增加值/亿美元	
	2010年	2011年	2010年	2011年
总出口	615	618	10 756	12 858
加工出口	387	384	2 865	3 207
非加工出口	781	776	7 891	9 651

注：此表统计的出口包含货物出口和服务出口

首先，相对于出口总量，我国单位出口的增加值含量较低。2010年，我国每1000美元的出口仅为本国带来615美元的增加值。相比之下，美国每1000美元的出口为本国带来862美元的增加值，远高于中国。2010年，我国货物和服务出口总额为17 490亿美元[②]，占我国GDP的30%，而出口带来的增加值仅占GDP的18.4%。实际上，出口对我国经济的贡献远低于出口总量的增加。

其次，相对于非加工出口，加工出口对经济的拉动作用较小。2010年，中国每1000美元的加工出口仅能带来387美元的增加值，不及非加工出口的一半。中国出口中加工出口所占比重较高是导致我国出口增加值含量较低的一个重要因素，加工出口对经济增长的贡献低。

---

① 基于本节计算时投入产出表的最新版本情况，本节测算的是2010年和2011年的出口增加值情况。
② 货物出口数据来自中国海关总署，服务出口数据来自国家外汇管理局。

最后，出口对我国经济增长的贡献在提升。从时间序列来看，2011年我国单位出口带来的增加值较2010年有所增加。2011年，我国每1000美元出口能够带来618美元的国内增加值，高于2010年的水平。

需要注意的是，这些测算结果突出了我国出口增加值相对较低的特点，显示出提升出口质量和增加值的潜在挑战。在未来的经济发展中，应该加强技术创新、提高产品附加值，并逐步调整出口结构，以实现更加可持续和高效的经济增长。

2.2.5 中国对东盟的出口增加值情况分析

分贸易对象，美国、欧盟、东盟、日本、韩国和印度六个地区是中国的主要贸易伙伴[1]，2010年，中国对这些地区的货物出口分别占中国货物总出口的18.0%、19.7%、8.8%、7.7%、4.4%和2.6%。由于中国对各地区的出口结构各异，因此中国对不同地区的出口对国内增加值的影响也各不相同。

表2.5总结了采用增加值方法测算的我国对六大贸易伙伴货物出口的基本情况，图2.2和图2.3对此进行了直观化的描述，测算结果提供了中国对六大贸易伙伴货物出口情况的新的视角和理解。从测算结果可以得出以下结论。

表2.5 中国对六大主要贸易伙伴货物出口情况（2010年、2011年）

年份	指标	美国	欧盟	东盟	日本	韩国	印度
2010年	出口总值/亿美元	2833	3112	1381	1210	688	409
	出口增加值/亿美元	1595	2026	840	684	384	267
2011年	出口总值/亿美元	3245	3559	1698	1477	829	506
	出口增加值/亿美元	1861	2336	1061	850	465	333

第一，中国对东盟的单位出口所带来的增加值高于中国出口的平均水平。相对于传统的贸易总量核算方法，增加值核算体系显示中国对东盟的出口比例增加。

第二，与非加工出口相比，六大贸易伙伴加工出口带来的国内增加值较低。

第三，增加值的变动与出口中的加工出口比重存在密切关系。考虑到横向比较中东盟地区较高的加工出口比重，这不符合所谓的竞争威胁论。

---

[1] 基于本节计算时投入产出表的最新版本情况，本节测算的是2010年和2011年的情况。

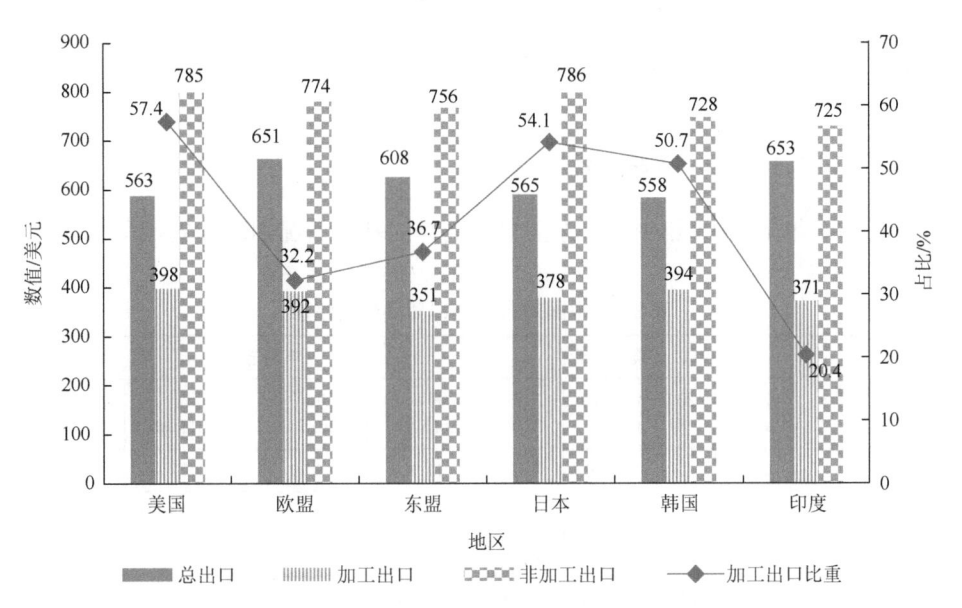

图 2.2 2010 年中国对六大贸易伙伴货物出口增加值情况

总出口、加工出口、非加工出口数据为每 1000 美元出口中包含的增加值

资料来源:"全球价值链与国际贸易利益关系研究"课题组测算

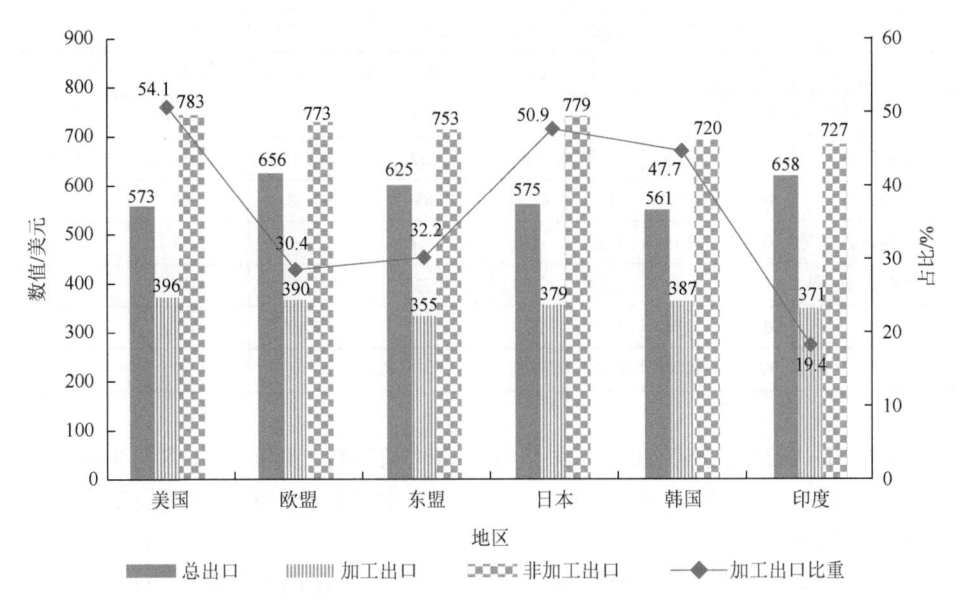

图 2.3 2011 年中国对六大贸易伙伴货物出口增加值情况

总出口、加工出口、非加工出口数据为每 1000 美元出口中包含的增加值

资料来源:"全球价值链与国际贸易利益关系研究"课题组测算

2.2.6 中国对东盟的贸易变化分析

1. 中国从东盟进口商品分析

从 2001 年至 2015 年中国从东盟进口商品的基本情况如表 2.6 所示。

表 2.6　中国对东盟进口商品分类情况

商品类别	进口金额/亿美元				年均增长率/%			
	2001年	2005年	2010年	2015年	2001~2005年	2006~2015年	2001~2015年	2011~2015年
动植物	2.84	1.78	2.40	4.49	−11.02	9.69	3.33	13.35
动植物油脂	2.51	2.70	3.70	2.61	1.84	−0.34	0.28	−6.74
食品饮料及烟草	0.82	0.32	0.73	1.20	−20.96	14.13	2.76	10.45
矿物燃料	14.12	10.76	16.65	13.20	−6.57	2.06	−0.48	−4.54
化学制品	6.14	5.19	5.09	4.85	−4.12	−0.68	−1.67	−0.96
塑料及橡胶产品	10.90	8.68	10.70	8.79	−5.53	0.13	−1.53	−3.86
皮革制品	0.37	0.26	0.24	0.50	−8.44	6.76	2.17	15.81
木制品	9.76	3.53	2.22	3.32	−22.45	−0.61	−7.41	8.38
纺织品	2.23	1.16	1.12	2.41	−15.07	7.59	0.56	16.56
非金属矿物	0.53	0.24	0.28	0.26	−17.97	0.80	−4.96	−1.47
金属制品	2.90	2.64	3.10	4.05	−2.32	4.37	2.41	5.49
机械设备	44.50	60.27	51.47	48.84	7.88	−2.08	0.67	−1.04
运输设备	0.27	0.19	0.25	0.60	−8.41	12.19	5.87	19.14
光学设备	1.65	1.91	1.54	2.93	3.73	4.37	4.19	13.73
其他	0.20	0.25	0.43	1.15	5.74	16.49	13.31	21.74
合计	99.74	99.88	99.92	99.20				

动植物：进口金额在 2001~2015 年呈现增长趋势，年均增长率为 3.33%。

动植物油脂：进口金额在 2001~2015 年有小幅增长，但之后呈现下降趋势，年均增长率为 0.28%。

食品饮料及烟草：进口金额在 2001~2015 年呈现增长趋势，年均增长率为 2.76%。

矿物燃料：进口金额在 2001~2015 年有波动，但总体呈现略微下降趋势，年均增长率为−0.48%。

化学制品：进口金额在 2001~2015 年呈现下降趋势，年均增长率为–1.67%。

塑料及橡胶产品：进口金额在 2001~2015 年有波动，但总体呈现略微下降趋势，年均增长率为–1.53%。

皮革制品：进口金额在 2001~2015 年呈现增长趋势，年均增长率为 2.17%。

木制品：进口金额在 2001~2015 年有波动，但总体呈现下降趋势，年均增长率为–7.41%。

纺织品：进口金额在 2001~2015 年呈现增长趋势，年均增长率为 0.56%。

非金属矿物：进口金额在 2001~2015 年呈现下降趋势，年均增长率为–4.96%。

金属制品：进口金额在 2001~2015 年有波动，但总体呈现增长趋势，年均增长率为 2.41%。

机械设备：进口金额在 2001~2015 年呈现波动趋势，但总体保持较高水平，年均增长率为0.67%。

运输设备：进口金额在 2001~2015 年呈现增长趋势，年均增长率为 5.87%。

光学设备：进口金额在 2001~2015 年呈现增长趋势，年均增长率为 4.19%。

其他：进口金额在 2001~2015 年呈现增长趋势，年均增长率为 13.31%。

从以上数据可以看出，在 CAFTA 建立后，中国从东盟地区进口的劳动密集型和资源密集型商品，如动植物、食品饮料及烟草、皮革制品、纺织品等，增长率显著提升。同时，资本和技术密集型商品，如金属制品、机械设备、光学设备等，也有一定增长，并保持较高水平。这表明在关税政策生效后，中国企业从资本和技术等方面积累了足够的生产能力，从过去的原料和中间品进口逐渐转向最终产品的生产，实现了制造业生产能力和结构的升级。这些数据支持了 CAFTA 发展过程中已经出现制造业结构升级现象的观点。

2. 中国对东盟出口商品分析

表 2.7 中的数据显示，从 2001 年至 2015 年，中国对东盟地区出口商品的情况如下。

表 2.7 中国对东盟出口商品分类情况

商品类别	出口金额/亿美元				年均增长率/%			
	2001 年	2005 年	2010 年	2015 年	2001~2005 年	2006~2015 年	2001~2015 年	2011~2015 年
动植物	7.58	14.02	51.13	100.77	16.62	21.80	20.30	14.53
动植物油脂	0.07	0.45	0.51	0.57	59.23	2.39	16.16	2.25
食品饮料及烟草	4.87	9.05	21.28	40.47	16.76	16.16	16.33	13.72
矿物燃料	14.67	45.15	83.88	85.11	32.45	6.54	13.38	0.29

续表

商品类别	出口金额/亿美元				年均增长率/%			
	2001年	2005年	2010年	2015年	2001~2005年	2006~2015年	2001~2015年	2011~2015年
化学制品	14.25	35.21	90.00	155.59	25.38	16.02	18.62	11.57
塑料及橡胶产品	3.77	12.19	40.58	101.80	34.10	23.64	26.54	20.20
皮革制品	1.39	2.95	8.51	31.21	20.70	26.60	24.89	29.68
木制品	1.59	5.14	17.20	45.70	34.09	24.42	27.11	21.58
纺织品	18.84	56.00	147.95	356.14	31.30	20.32	23.36	19.21
非金属矿物	2.62	9.88	25.14	97.62	39.35	25.74	29.49	31.17
金属制品	14.95	64.92	134.15	355.29	44.36	18.53	25.40	21.51
机械设备	78.83	244.54	531.43	950.65	32.71	14.54	19.46	12.33
运输设备	12.44	21.99	101.1	177.90	15.31	23.25	20.93	11.97
光学设备	4.19	19.63	48.09	78.98	47.12	14.94	23.34	10.43
其他	5.56	13.43	80.02	209.56	24.67	31.62	29.59	21.23
合计	185.62	554.55	1380.97	2787.36				

动植物：出口金额在 2001~2015 年呈现增长趋势，年均增长率为 20.30%。然而，增速在 2011 年后略有放缓，年均增长率为 14.53%。这表明劳动密集型的动植物产品出口增速有所减缓。

动植物油脂：出口金额在 2001~2015 年呈现增长趋势，但增速较为平缓，年均增长率为 16.16%。这表明动植物油脂出口增速相对稳定。

食品饮料及烟草：出口金额在 2001~2015 年呈现增长趋势，年均增长率为 16.33%。增速在 2011 年后略有放缓，年均增长率为 13.72%。这表明食品饮料及烟草出口增速保持较高水平，但略有下降趋势。

矿物燃料：出口金额在 2001~2015 年呈现增长趋势，年均增长率为 13.38%。然而，增速在 2011 年后几乎停滞，年均增长率为 0.29%。这表明矿物燃料出口增速较低，基本保持稳定。

化学制品：出口金额在 2001~2015 年呈现大幅增长，年均增长率为 18.62%。增速在 2011 年后略有放缓，年均增长率为 11.57%。这表明化学制品出口增速保持较高水平，但略有下降趋势。

塑料及橡胶产品：出口金额在 2001~2015 年呈现大幅增长，年均增长率为 26.54%。增速在 2011 年后略有放缓，年均增长率为 20.20%。这表明塑料及橡胶产品出口增速保持较高水平，但略有下降趋势。

皮革制品：出口金额在 2001~2015 年呈现大幅增长，年均增长率为 24.89%。增速在 2011 年后仍有上升，年均增长率为 29.68%。这表明皮革制品出口增速保持较高水平，并且增速也在不断提升。

木制品：出口金额在 2001~2015 年呈现大幅增长，年均增长率为 27.11%。增速在 2011 年后略有放缓，年均增长率为 21.58%。这表明木制品出口增速保持较高水平，但略有下降趋势。

纺织品：出口金额在 2001~2015 年呈现大幅增长，年均增长率为 23.36%。增速在 2011 年后略有放缓，年均增长率为 19.21%。这表明纺织品出口增速保持较高水平，但略有下降趋势。

非金属矿物：出口金额在 2001~2015 年呈现大幅增长，年均增长率为 29.49%。增速在 2011 年后有所上升，年均增长率为 31.17%。这表明非金属矿物出口增速保持较高水平，并有上升趋势。

金属制品：出口金额在 2001~2015 年呈现大幅增长，年均增长率为 25.40%。增速在 2011 年后略有放缓，年均增长率为 21.51%。这表明金属制品出口增速保持较高水平，但略有下降趋势。

机械设备：出口金额在 2001~2015 年呈现大幅增长，年均增长率为 19.46%。增速在 2011 年后略有放缓，年均增长率为 12.33%。这表明机械设备出口增速保持较高水平，但略有下降趋势。

运输设备：出口金额在 2001~2015 年呈现大幅增长，年均增长率为 20.93%。增速在 2011 年后略有放缓，年均增长率为 11.97%。这表明运输设备出口增速保持较高水平，但略有下降趋势。

光学设备：出口金额在 2001~2015 年呈现大幅增长，年均增长率为 23.34%。增速在 2011 年后略有放缓，年均增长率为 10.43%。这表明光学设备出口增速保持较高水平，但略有下降趋势。

其他：出口金额在 2001~2015 年呈现大幅增长，年均增长率为 29.59%。增速在 2011 年后略有放缓，年均增长率为 21.23%。这表明其他商品出口增速保持较高水平，但略有下降趋势。

CAFTA 建立后，中国与东盟之间进出口贸易飞速发展，贸易规模不断扩大。出口增长明显快于进口增长，自贸区建立为中国出口带来贸易效应。出口贸易商品的变化更能体现产业结构所带来的变化，更能印证 CAFTA 建立对我国产业结构可能产生的影响。综上所述，从 2001 年到 2015 年，中国对东盟地区出口商品的情况显示出劳动密集型产业出口增速有所放缓，而高技术制造业产品的出口增速仍然较高。这表明 CAFTA 的建立促进了中国产业结构的升级，使得劳动密集型产业竞争力相对减弱，而高技术制造业产品的竞争力增强。

3. 中国与东盟进出口贸易情况分析

之前已经讨论，中国加入 WTO 之后中国对东盟的贸易逆差呈扩大趋势。而在 CAFTA 关税政策生效后，贸易逆差逐步缩小并形成贸易顺差。根据表 2.8 中列出的数据，我们可以对中国与东盟的进出口贸易情况进行分析。

表 2.8　中国对东盟出口商品分类情况（单位：亿美元）

商品类别	2001 年	2005 年	2010 年	2015 年
动植物	4.74	12.24	48.73	96.28
动植物油脂	−2.44	−2.25	−3.19	−2.04
食品饮料及烟草	4.05	8.73	20.55	39.27
矿物燃料	0.55	34.39	67.23	71.91
化学制品	8.11	30.02	84.91	150.74
塑料及橡胶产品	−7.13	3.51	29.88	93.01
皮革制品	1.02	2.69	8.27	30.71
木制品	−8.17	1.61	14.98	42.38
纺织品	16.61	54.84	146.83	353.73
非金属矿物	2.09	9.64	24.86	97.36
金属制品	12.05	62.28	131.05	351.24
机械设备	34.33	184.27	479.96	901.81
运输设备	12.17	21.8	100.85	177.3
光学设备	2.54	17.72	46.55	76.05
其他	5.36	13.18	79.59	208.41
合计	85.88	454.67	1281.05	2688.16

动植物：中国对东盟的动植物类产品贸易差额在逐渐增加。从 2001 年的贸易顺差 4.74 亿美元增加到 2015 年的 96.28 亿美元，显示了中国在该领域的出口实力增强。

动植物油脂：中国对东盟的动植物油脂类产品呈现贸易逆差。贸易差额从 2001 年的逆差 2.44 亿美元逐渐扩大到 2010 年的逆差 3.19 亿美元，再到 2015 年有所减少，逆差额为 2.04 亿美元。这可能表明中国在该领域的进口需求较大。

食品饮料及烟草：中国对东盟的食品饮料及烟草类产品贸易差额呈现逐渐增加的趋势。从 2001 年的贸易顺差 4.05 亿美元增加到 2015 年的 39.27 亿美元，显示了中国在该领域的出口实力增强。

矿物燃料：中国对东盟的矿物燃料类产品贸易差额呈现逐渐扩大的趋势。贸易差额从 2001 年的顺差 0.55 亿美元逐渐扩大，到 2015 年的顺差 71.91 亿美元。这也显示了中国在该领域的出口不断扩大。

化学制品：中国对东盟的化学制品贸易差额呈现逐渐扩大的趋势。贸易差额从 2001 年的顺差 8.11 亿美元逐渐扩大，到 2015 年的顺差 150.74 亿美元。这显示了中国在该领域的出口竞争力增强。

塑料及橡胶产品：中国对东盟的塑料及橡胶产品贸易差额总体呈扩大趋势。贸易差额从 2001 年的逆差 7.13 亿美元逐渐扩大，到 2015 年的顺差 93.01 亿美元。这反映出了中国在该领域的竞争实力的转变。

皮革制品：中国对东盟的皮革制品贸易差额逐渐扩大，从 2001 年的贸易顺差 1.02 亿美元增加到 2015 年的顺差 30.71 亿美元，中国在该领域的增速巨大，出口实力不断增强。

木制品：中国对东盟的木制品贸易差额总体呈扩大趋势。贸易差额从 2001 年的逆差 8.17 亿美元转变为 2015 年的顺差 42.38 亿美元。这反映出中国在该领域的进出口需求变化，木制品出口需求增多。

纺织品：中国对东盟的纺织品贸易差额逐渐扩大，从 2001 年的贸易顺差 16.61 亿美元增加到 2015 年的顺差 353.73 亿美元，这表明中国在该领域的出口实力增强。

非金属矿物：中国对东盟的非金属制品贸易差额呈现逐渐扩大的趋势。贸易差额从 2001 年的顺差 2.09 亿美元增加到 2015 年的顺差 97.36 亿美元。这显示了中国在该领域的出口竞争力增强。

金属制品：中国对东盟的金属制品贸易差额逐渐扩大，从 2001 年的贸易顺差 12.05 亿美元增加到 2015 年的顺差 351.24 亿美元，表明中国在该领域的出口实力增强。

机械设备：中国对东盟的机械设备贸易差额呈现逐渐扩大的趋势。贸易差额从 2001 年的顺差 34.33 亿美元扩大到 2015 年的顺差 901.81 亿美元，中国在该领域的出口实力显著增强。

运输设备：中国对东盟的运输设备贸易差额呈现逐渐扩大的趋势。贸易差额从 2001 年的贸易顺差 12.17 亿美元增加到 2015 年的顺差 177.3 亿美元，中国在该领域的出口实力增强。

光学设备：中国对东盟的光学设备贸易差额呈现逐渐扩大的趋势。贸易差额从 2001 年的贸易顺差 2.54 亿美元增加到 2015 年的顺差 76.05 亿美元，中国在该领域的出口实力增强。

其他：中国对东盟的其他产品贸易差额也逐渐扩大，从 2001 年的贸易顺差 5.36 亿美元增加到 2015 年的顺差 208.41 亿美元，这表明中国在其他产品领域的出口实力上有所增强。

中国对东盟贸易逆差不断变小逐步转为贸易顺差的过程中，中国从东盟进口的原料类产品份额不断增加。综上所述，CAFTA 的建立对中国与东盟的进出口贸易产生了积极影响。中国在劳动密集型产品领域的出口实力增强，在资本和技术密集型产品领域的出口竞争力也得到提升。这表明中国的产业结构正在逐步升级，向高技术制造业转型。

2.3 本章小结

本章主要包括两部分。第一部分总结 CAFTA 的成立背景及发展进程。CAFTA 的概念在 2001 年首次被正式提出，于 2010 年全面建成。CAFTA 的发展主要可以概括为四个阶段，依次为双方初步意向确定、关税的下调、自贸区全面建成、自贸区后续政策完善。CAFTA 的建立为中国和东盟国家之间的贸易和经济合作提供了更广阔的平台，推动了区域内贸易的增长和互利共赢。第二部分总结分析中国和东盟进出口贸易的发展概况。从 2002 年签署协定开始，中国和东盟的双边贸易快速增长，中国对东盟国家的出口增长最为迅速。2002 年至 2011 年期间，中国对东盟国家的贸易处于逆差状态，而从 2012 年开始，中国对东盟国家的贸易逐渐转为顺差，并且顺差规模不断扩大。这表明中国在与东盟国家的贸易中取得了更强的竞争优势，并且中国与东盟国家之间的贸易关系日益紧密。CAFTA 的建立和后续发展推动了中国和东盟国家贸易结构的升级和优化，中国在劳动密集型产品和资本、技术密集型产品方面的出口实力增强。

综上，中国和东盟之间的贸易关系在 CAFTA 的推动下不断发展壮大。中国逐渐从贸易逆差转为贸易顺差，并在不同领域展现出出口竞争力。这反映了中国产业结构的升级和优化，以及中国与东盟国家之间经济合作的深入推进。

第3章　CAFTA 建立引致的贸易效应分析

3.1　问题描述及研究意义

近年来区域经济一体化快速发展，CAFTA 在促进贸易自由化方面做出了巨大贡献。自 2002 年签署协议以来，CAFTA 区域内的贸易快速发展，中国和东盟的双边贸易总额整体呈现上升趋势。并且区域内贸易增速不仅高于签订前中国与东盟双边贸易增速，也高于中国同期贸易增速。

目前有关自贸区贸易效应的研究基本围绕 Viner（1950）的关税同盟理论中的贸易创造效应和贸易转移效应展开。从经济层面来看，区域贸易协定通常同时具备贸易创造效应和贸易转移效应。近年来，对贸易效应的研究成为热点工作。研究方法主要包含两类。一类是基于可计算的一般均衡模型（即 CGE 模型）或 GTAP 的事前模拟分析。Chirathivat（2002）构建以 1997 年为基期的 CGE 模型进行模拟分析，研究发现：CAFTA 的建立对中国和东盟双方都产生了贸易创造和贸易转移效应，贸易创造效应远大于贸易转移效应，CAFTA 的建立增加了双方的净福利。另一类研究方法主要通过构建引力模型对已发生的贸易流量数据进行事后验证分析。其中，Roberts（2004）构建贸易引力模型验证了自贸区对双方有一定的贸易转移和贸易创造效应。Yang 和 Martinez-Zarzoso（2014）通过构建校正的引力模型分析了 CAFTA 的贸易效应，研究发现 CAFTA 产生了较大的贸易创造效应，且不同种类产品的影响效果不同。

随着 CAFTA 经贸往来的持续增长，出于经济利益考虑，一些西方发达国家提出了所谓的"中国-东盟威胁论"，声称 CAFTA 的建立威胁到了世界其他区域的经济发展。因此，CAFTA 的建立到底具有怎样的贸易效应？是贸易创造还是贸易转移？影响程度有多大？对这些问题的研究对 CAFTA 建设与发展具有重要的现实意义，对此问题的研究形成了这一章节。本章采用双重差分（difference-in-differences，DID）模型与引力模型相结合的方法，量化 CAFTA 建立引致的贸易效应。通过探讨 CAFTA 执行前后区域内贸易流量的变化趋势，从全球经济视角判断 CAFTA 的建立到底是具有贸易创造还是贸易转移效应，并进行影响程度的测算。进一步验证所谓的"中国威胁论"和"中国野心与扩张"是否存在，为我国在贸易谈判时提供理论依据。自 2004 年 1 月 1 日开始实施的中国-东盟《早期收获计划》（Early Harvest Program，EHP）和 2005 年 7 月 20 日起实施的中国-东盟《货物贸易协议》，中国与东盟在自贸区框架下取得了显著成就。2006 年，越南和菲律宾加入了 EHP，标志着东盟老成员国全部加入，CAFTA 进入了实质性执行阶段。因此，本章以 2006 年为分界点，探讨 CAFTA 建立前后中国和东盟地区贸易流量的变化趋势，对所谓的"中国威胁论"做出回答。

3.2 CAFTA 对中国进口贸易的贸易效应模型构建

3.2.1 贸易引力模型简介

贸易引力模型是一种经济学模型，旨在解释国际贸易流量的形成和发展。该模型的基本思想受到自然科学中的万有引力定律启发，即两个物体之间的引力与它们的质量大小成正比，与它们之间的距离远近成反比。在贸易引力模型中，这种引力被理解为国家之间进行贸易的吸引力。

贸易引力模型的起源可以追溯到20世纪50年代初的研究。研究人员 Isard 和 Peck（1954）及 Beckerman（1956）通过直觉发现，地理位置接近的国家之间的贸易流量更大。Tinbergen（1962）和 Pöyhönen（1963）是最早将引力模型引入国际贸易领域的学者，他们在经济总量和地理距离这两个因素上建立了贸易引力模型。

贸易引力模型的一般形式如式（3.1）所示。

$$F_{ij} = \frac{K(Y_i Y_j)}{D_{ij}} \tag{3.1}$$

其中，F_{ij} 表示国家 i 对国家 j 的贸易流量；K 表示引力系数，它是决定其对生产要素吸引力大小的关键变量；Y_i 和 Y_j 表示国家 i 和国家 j 的经济规模，是内生变量；D_{ij} 表示国家 i 和国家 j 之间的距离。

Linnemann（1966）在丁伯根（Tinbergen）的基础上引入了优惠贸易协定和地理距离变量，并对模型进行了对数化处理。

Bergstrand（1985）指出贸易引力模型是计量统计分析中较好的工具模型，但由于缺乏理论基础，其预测和解释能力受到一定限制。为了改进模型，Bergstrand（1989）用人均收入替代了人口数量作为变量。

学者力图将主流经济学理论与贸易引力模型结合起来，以推动国际贸易的发展。丁伯根和波伊豪宁提出了一个较为完整的经济学引力模型用于贸易分析。该模型主要假定两个地区之间的贸易流量与它们各自的经济规模成正比，与两个地区之间的距离成反比。贸易引力模型所需要的数据可获得性强，在研究两个地区的贸易发展中实证效果良好。贸易引力模型的应用越来越广泛，成为国际贸易流量的主要实证研究工具。针对不同的问题，保持基本形式不变，只需要对参数适当定义便可以将引力模型用于解决新的问题，这是引力模型的一个重要特点。

3.2.2 DID 模型简介

DID 模型是克服模型内生性影响的主流计量经济方法，主要用于政策效果的评估。该方法的思想借鉴于自然科学中"自然实验"方法。将样本分为两组，一组是政策作用的对象，即处理组；另一组是非政策作用对象，即控制组。设置虚拟变量 P 和 Y 分别表示是否为处理组，以及何时进入处理组。

Blinder（1973）和 Oaxaca（1973）提出的静态方法如下：

$$\ln W_{m,i} = X'_{m,i}\beta_m + e_{m,i} \tag{3.2}$$
$$\ln W_{f,i} = X'_{f,i}\beta_f + e_{f,i}$$

组内的不平等差距为

$$D = \ln \overline{W_m} - \ln \overline{W_f} = \left(\overline{X}'_m \beta_m - \overline{X}'_f \beta_f\right) = \left(\overline{X}'_m - \overline{X}'_f\right)\beta_m + \overline{X}'_f \left(\beta_m - \beta_f\right) \tag{3.3}$$

Juhn 等（1991）提出的动态方法，可以测量两个时期的差距，主要公式如下：

$$\ln W_{m,t,i} = X'_{m,t,i}\beta_{m,t} + \sigma_{m,t}\theta_{t,i}$$
$$D_t = \ln \overline{W_{m,t}} - \ln \overline{W_{f,t}} = \Delta X'_t \beta_{m,t} + \sigma_{m,t}\Delta \overline{\theta_t} \tag{3.4}$$

$$D_1 - D_0 = \left(\Delta X'_1 - \Delta X'_0\right)\beta_{m,1} + \Delta X'_0\left(\beta_{m,1} - \beta_{m,0}\right) + \left(\Delta \theta'_1 - \Delta \theta'_0\right)\sigma_{m,1} + \Delta \theta'_0\left(\sigma_{m,1} - \sigma_{m,0}\right) \tag{3.5}$$

3.2.3 DID 模型和贸易引力模型的结合模型的构建

本节以 2006 年为项目实施年份建立 DID 模型，并与贸易引力模型结合。从微观产品层面，量化 CAFTA 建立引致的贸易效应。

参考 Frankel（1997）的引力模型设定，将中国的进口流量作为因变量，自变量包括人均 GDP、陆地面积和是否有共同语言，将模型设定如下：

$$\begin{aligned}\ln(V_{ijt}) = &\beta_0 + \beta_1 \ln(\text{GDP}_{jt}) + \beta_2 \ln(\text{pGDP}_{jt}) \\ &+ \beta_3 \ln(\text{Dist}_{ij}) + \beta_4 \ln(\text{Land}_j) + \beta_5 \ln(\text{Lang}_{ij}) + \xi_{ijt}\end{aligned} \tag{3.6}$$

其中，V_{ijt} 表示 t 年国家 i 从国家 j 进口的贸易流量，其中，国家 i 表示进口国，国家 j 表示出口国；t 年国家 j 的国内生产总值用 GDP_{jt} 表示，指标主要反映一国的经济规模，体现一国的贸易能力；pGDP_{jt} 表示 t 年 j 国的人均 GDP 值，主要反映的是一国的经济发展水平；Dist_{ij} 表示 i 国与 j 国之间的陆地距离；Land_j 表示 j 国的陆地面积，反映国家规模的大小，用作国家资源的代理变量；Lang_{ij} 表示虚拟变量，值为 1 的时候表示两国具有共同语言，值为 0 的时候表示两国之间不存在共同语言，这主要反映两国文化契合度，文化契合度较高的两国会更容易沟通交流，会带来更大的贸易流量；ξ_{ijt} 表示随机误差项。

参考 Gauto（2012）的处理方式，加入时间维度，将 DID 模型与贸易引力模型相结合，测算中国进口贸易流量，公式如下所示：

$$\ln(V_{jt}) = \delta_0 + \delta_1 p_t + \delta_2 m_j + \delta_3 (p \times m)_{jt} + \zeta_{jt} \tag{3.7}$$

其中，东盟成员国作为处理组，其他国家作为控制组。p_t 与 m_j 表示虚拟变量，取值为 0 或 1；p_t 表示 CAFTA 是否成立，CAFTA 成立之后，$p_t=1$，成立之前，$p_t=0$；m_j 表示是否是东盟成员国，是东盟地区国家，则 $m_j=1$，非东盟地区国家，则 $m_j=0$；交叉项 $(p \times m)_{jt}$ 表示倍差估计，也就是说 CAFTA 建立后且是东盟成员国的情况下，$(p \times m)_{jt}=1$，其余情况均为 0；δ_3 表示处理效应，为了识别贸易创造和贸易转移效应，需要对此进行分离，为区分贸易创造和贸易转移，在本书中将 p 分开。

显然，

$$p = \text{pm} + \text{pnm} \tag{3.8}$$

其中，pm 表示 CAFTA 建立后的东盟成员国；pnm 表示 CAFTA 建立后的非东盟成员国。对此进行转换得到如下公式：

$$\ln(V_{jt}) = \eta_0 + \eta_1 m_j + \eta_2 \text{pm}_{jt} + \eta_3 \text{pnm}_{jt} + \zeta_{jt} \tag{3.9}$$

其中，η_1 表示贸易创造系数，刻画贸易创造效应；η_3 表示贸易转移系数，刻画贸易转移效应。

η_1 反映了 CAFTA 建立引致的东盟国家对中国的出口贸易流量的变化，即为贸易创造系数，η_3 反映的则是 CAFTA 建立引致的非东盟国家对中国的出口贸易流量的变化，即为贸易转移系数。本章通过差分形式消除其他不随时间变化的干扰因素。其中 m_j 就是不随时间变化的变量，通过这种方式控制影响 CAFTA 发展的内部的一些不可观测因素，将公式（3.6）和公式（3.9）相结合可以得到公式（3.10）：

$$\begin{aligned}\ln(V_{kjt}) = &\beta_0 + \beta_1 \ln(\text{GDP}_{jt}) + \beta_2 \ln(\text{pGDP}_{jt}) + \beta_3 \ln(\text{Dist}_{ij}) + \beta_4 \ln(\text{Land}_j) \\ &+ \beta_5 \ln(\text{Lang}_{ij}) + \beta_6 t + \eta_1 m_j + \eta_2 \text{pm}_{jt} + \eta_3 \text{pnm}_{jt} + \xi_{ijt}\end{aligned} \tag{3.10}$$

其中，k 表示产品分类。

3.3 实 证 分 析

3.3.1 数据来源及数据处理

本章所使用的数据主要来源于法国领先的国际信息中心（Centre d'études

prospectives et d'informations internationales，CEPII）数据库中的 BACI 子数据库和 GeoDist 子数据库，以及世界银行提供的世界发展指标（World Development Indicators，WDI）数据库。这些数据将用于量化分析和模型估计，以探讨 CAFTA 建立对贸易效应的影响。CEPII 数据库包含了全球超过 200 个国家之间的双边贸易数据，涵盖了每种商品的进口和出口国家、CIF 价值、数量和单位价值等信息。本章采用 196 个国家在 1995 年至 2012 年期间的 HS-6 位编码层面的数据进行分析。微观贸易数据采用了 BACI 子数据库中的 HS1992-6 位编码数据。与此同时，国家之间的距离、陆地面积及是否存在共同语言等信息来自 CEPII 数据库中的 GeoDist 子数据库。另外，本章还利用了世界银行提供的 WDI 数据库，获取了名义国内生产总值（GDP）、人均国内生产总值及平减指数等数据。在处理贸易数据和增加值数据时，需要考虑当年的物价平减指数和 GDP 平减指数。

3.3.2 模型结果分析

借鉴 Kimura 和 Lee 用普通最小二乘法（ordinary least squares，OLS）和时间固定效应方法对引力模型进行估计，结果如表 3.1 所示。

表 3.1 OLS 回归结果

解释变量	结果	解释变量	结果
$\ln(\text{GDP}_{jt})$, (β_1)	0.446 （116.02）	t, (β_6)	0.0476 （51.92）
$\ln(p\text{GDP}_{jt})$, (β_2)	−0.0681 （−13.94）	m_j, (η_1)	−0.131 （−7.51）
$\ln(\text{Dist}_{ij})$, (β_3)	−0.611 （−108.54）	pm_{jt}, (η_2)	0.143 （9.55）
$\ln(\text{Land}_j)$, (β_4)	7.86×10^{-9} （7.98）	pnm_{jt}, (η_3)	0.0537 （6.32）
$\ln(\text{Lang}_{ij})$, (β_5)	0.556 （45.84）	常数项, (β_0)	4.956 （51.89）

经过分析，结果显示所有统计系数均具有显著性，并且符号与预期一致。研究结果表明，当东盟地区出口国的 GDP 增长 1%时，中国的进口贸易额将增加 0.446%；而当中国与东盟国家之间的距离增加 1%时，中国的进口贸易额将减少 0.611%。

此外，如果中国与该东盟出口国存在共同语言，那么中国的进口贸易额相应地会提高 $(e^{0.556}-1)\times 100\%$，即 74.37%。也就是说，共同语言可以促进中国与东盟国家双边贸易发展。东盟地区国家的人均 GDP 增长 1%会使得中国的进口贸易额降低 0.0681%。

陆地面积体现了一国的自然资源禀赋。一般而言,陆地面积对中国的进口贸易存在正向作用,但影响十分微小,可以忽略不计。研究结果显示:CAFTA 的建立对中国-东盟进口贸易的影响为 $(e^{0.143}-1) \times 100\%$,即 15.37%。实证研究表明 CAFTA 的建立确实增加了中国从东盟进口的贸易额,CAFTA 的建立具有贸易创造效应。此外,CAFTA 的建立使得非东盟成员国对中国的出口平均提高了 $(e^{0.0537}-1) \times 100\%$,即 5.5%,CAFTA 的建立同时提高了非东盟地区的贸易额。研究表明:CAFTA 的建立增加了中国和东盟之间的贸易流量,但这并非来自其他非 CAFTA 国家的转移,而是由 CAFTA 建立带来的贸易创造效应。测算结果对西方国家所谓的"中国威胁论"做出了回答,证明了威胁论并不存在。

CAFTA 的建立扩大了中国的进口贸易。不仅拉动了中国和东盟地区的贸易,事实上还促进了全球贸易的发展,CAFTA 的建立并没有使东盟地区挤占世界其他国家对中国的出口。同时研究还发现,区域内的效应大于区域外的效应,CAFTA 的建立使得中国从东盟的进口增加了 9.34%,即 $(e^{0.143-0.0537}-1) \times 100\%$,这个增幅显著高于非东盟地区国家的增幅。

3.3.3 结论与建议

本章基于 CEPII 数据库 HS-6 位编码层面的微观贸易数据,采用 DID 模型和贸易引力模型相结合的方法探究 CAFTA 成立对其他经济体出口的影响。本章得到如下几个结论。

(1) CAFTA 的建立完成了区域一体化的目标,对其成员国的贸易产生了正向影响,并对全球经济产生了贸易创造效应。

(2) CAFTA 的建立并没有导致贸易转移,研究结果驳斥了现有的贸易威胁说,表明 CAFTA 的建立对全球经济是有益的。

(3) 同时发现,两国的 GDP、两国之间的距离及是否有共同语言是影响 CAFTA 成员国内部贸易的重要因素。

我们有如下建议。

(1) CAFTA 成员国应继续努力发展自身经济,以增强各国在自贸区内的竞争力和贸易潜力。

(2) 为进一步促进贸易发展,CAFTA 成员国可以考虑降低贸易壁垒,减少贸易限制和非关税壁垒,以便更好地实现自贸区内的贸易便利化。

(3) 加强区域内的合作和沟通,包括加强共同语言的教育和交流,以提高贸易伙伴之间的理解和合作程度。

（4）鉴于 GDP 和距离对贸易的影响，CAFTA 成员国可以通过促进经济增长和发展互联互通的基础设施来增加双边贸易机会。

（5）进一步研究和评估 CAFTA 的成效，不断优化自贸区的政策和规则，以进一步提升贸易效益。

这些结论和建议有助于 CAFTA 成员国更好地利用自贸区带来的机遇，加强区域内贸易合作，促进经济增长和发展。

3.4 本章小结

本章研究 CAFTA 的建立对全球经济的影响，旨在验证西方国家关于"中国威胁论"的贸易威胁说是否存在。研究结果表明，CAFTA 的建立对成员国和全球经济都产生了正向的贸易效应，并未导致其他国家贸易的转移。研究结果否定了西方发达国家关于 CAFTA 建立所谓的贸易威胁说，证明了其存在的误导性。

同时，研究还发现，成员国的 GDP 水平、两国之间的距离及是否存在共同语言是影响 CAFTA 成员国内部贸易的重要因素。我们呼吁 CAFTA 成员国在继续致力于发展自身经济的同时，降低贸易壁垒、减少贸易摩擦，提高贸易便利化程度。这将有助于促进成员国之间的贸易合作，推动经济增长和发展。同时，本章的研究结果也提供了对西方国家所谓的"中国威胁论"做出回应的依据，揭示了其缺乏实际根据的虚假性质。

第4章 东盟地区投入产出表的构造

中国与东盟地区之间的经贸往来日益频繁，东盟在中国对外贸易中的地位越来越重要。系统、准确地衡量中国与东盟国家之间的贸易情况，有助于准确评估双方在全球价值链中所处的位置，了解 CAFTA 对外贸易在增值方面具有优势和劣势的产品，把握中国-东盟地区的发展方向，也为我国的对外贸易谈判和政策制定提供有价值的参考建议。

随着国际贸易分工不断深化，中间品贸易的快速发展使得产品的生产跨越多个国家。因此，以贸易总量为标准的传统贸易统计存在着重复计算的问题，这严重扭曲了"贸易不平衡"。在新的国际产业分工格局下，中国和东盟成为全球价值链和生产网络的重要节点。中国和东盟之间的经贸合作以全球价值链为基础，表现为出口结构特殊，中间产品在贸易总额中占比较大，总体处于全球价值链低端环节。投入产出模型以棋盘式平衡表的格局研究经济活动的投入与产出之间的关系，为核算贸易中的实际利益所得提供了有力工具。

目前对中国-东盟贸易方面的研究大多集中在定性角度，而且定量分析也大多是基于总量的研究。在撰写本章时，我们面临着数据不一致的问题，部分东盟国家如新加坡、马来西亚和泰国政府虽然提供了投入产出表，但其口径存在差异，而其他东盟国家并无投入产出表。无法获得口径一致且可靠的数据是当时对东盟地区进行贸易测算的主要障碍。因此，本章以东盟地区为例，演示并讨论如何在不需要额外平衡的情况下利用 GTAP 8.0 数据库构建数据口径一致的地区（国家）投入产出表，并在此基础上采用增加值测算方法测算中国-东盟地区的贸易情况，克服传统贸易总量计算带来的重复计算问题。测算结果不仅可以厘清中国和东盟地区在全球价值链中所处的位置，了解 CAFTA 对外贸易在增值方面具有优势和劣势的产品，也给我国的对外贸易谈判和政策制定提供有价值的参考。

本章的目标是通过系统且准确的贸易测算，深入了解中国-东盟地区的经贸关系，并为相关决策提供有价值的建议。这将有助于把握双方在全球价值链中的地位，了解贸易增值方面的优势和劣势，并为我国进行对外贸易谈判和政策制定提供指导。

4.1 投入产出技术简介

4.1.1 投入产出技术的产生与发展

投入产出技术由俄裔美国经济学家里昂惕夫在 1936 年前后创立。他在投入产出技术的初创阶段的主要工作包括：1936 年里昂惕夫在美国的《经济统计评论》上发表了投入产出领域最早的论文，题目为《美国经济系统中的投入与产出数量关系》。1941 年里昂惕夫的著作《1919—1939 年美国经济结构》系统地阐述了投入产出技术的基本方法，并利用美国发表的统计资料编制了美国经济 1919 年和 1929 年投入产出表。1953 年里昂惕夫与 H. B. Chenery 和 W. Isard 合作出版了《美国经济结构研究：投入产出分析的理论和经验探讨》一书。在理论部分，里昂惕夫重点探讨了度量技术变动的方法，研究经济结构变动的技术，提出里昂惕夫动态投入产出模型和地区间投入产出模型等。里昂惕夫还提出了连续型和离散型动态投入产出模型，研究了连续型动态投入产开模型和连续型动态投入产出闭模型的求解及其经济解释，包括最大特征根的经济解释等。对于离散型动态投入产出模型，里昂惕夫提出了多年时滞动态投入产出模型等。在应用分析部分，里昂惕夫的很多合作者研究和阐述了编制和应用投入产出表的资料来源、数据加工及分析应用等问题。1948 年里昂惕夫在哈佛大学建立哈佛经济研究项目组。

任何科学思想和方法的产生都有其历史渊源，投入产出技术亦是如此。投入产出技术产生的历史渊源主要有两方面：一是 20 世纪 20 年代苏联编制平衡表的影响；二是 1758 年法国经济学家魁奈写出的"经济表"、19 世纪卡尔·马克思提出的两个部门再生产模型，特别是瓦尔拉斯构造的多个生产部门一般均衡模型等对投入产出技术的产生有重要影响。

最初投入产出技术并没有得到重视。直到第二次世界大战的时候，美国总统罗斯福订购了五万架军用飞机，有关部门考虑了对铝的消耗，但未考虑到飞机会消耗大量铜（完全消耗），引起铜的严重短缺。负责军工的管理人员意识到需要有科学的管理方法来计划生产。1944 年美国劳工统计局在里昂惕夫指导下编制的 1939 年美国投入产出表（包括 96 个生产部门）问世，得到美国军事部门和其他一些政府部门的重视。

许多国家开始相继重视这项投入产出技术。到 1979 年时，世界上已经有 90 多个国家编制了自己的投入产出表，只剩一些在国际贸易中贸易额非常小的国家没有编制过投入产出表。

1974 年瑞典皇家科学院宣布里昂惕夫作为"唯一的和无可争辩的投入产出

技术的创始人"获得了 1973 年的诺贝尔经济学奖。国际投入产出协会也于 1988 年成立，协会选举里昂惕夫和诺贝尔经济学奖获得者 Stone 作为协会的名誉主席。截至 2023 年，国际投入产出协会在不同的国家共召开了 29 次国际投入产出技术的会议。

投入产出技术在中国的研究和应用始于 20 世纪 50 年代末。在钱学森和华罗庚的积极倡导下，中国科学院数学研究所运筹室于 1959 年成立经济组并开始了对投入产出技术的研究。与此同时，中国科学院经济研究所也成立了一个研究小组研究投入产出技术。上述两个研究小组的成员包括李秉全、陈锡康、乌家培、张守一等，他们是最早把投入产出技术引入我国的学者。"文化大革命"开始后，所有研究工作被迫中断，投入产出技术的研究和应用受到阻碍。当时国内投入产出技术的研究和应用工作几乎处于停滞状态。在这种困难的情况下，国家计委接受了陈锡康等的建议，由中国科学院陈锡康等与北京经济学院、中国人民大学和国家计委计算中心等单位合作，从1974年至1976年经过两年的努力编制成功"中国 1973 年 61 类主要产品投入产出表"。在中国投入产出技术的早期研究中，日本学者 Haruki Niwa 也做出了贡献，他利用日本 1951 年的投入产出系数，编制了 1956 年中国的投入产出表。

4.1.2　投入产出表的基本结构

投入是某系统进行一项活动的消耗，而产出是某系统进行一项活动的结果。投入产出表是投入产出技术的分析核心。投入产出表用来描述国民经济各个部门在某个阶段生产活动的投入来源及产出使用去向，投入产出表一般是矩阵形式。投入产出模型有很多种，最基本的是静态价值型投入产出模型。基本的静态价值型投入产出表结构如表 4.1 所示。

表 4.1　静态价值型投入产出表结构

		中间需求	最终需求			总产出
		1　2　…　n	消费	资本形成	净出口	
中间投入	1 2 ⋮ n	z_{ij}	f_i			x_i
最初投入	固定资产折旧 从业人员报酬 生产税净额 营业盈余	v_j				
	总投入	x_j				

投入产出表包括几组基本的平衡关系，包括行向平衡关系、列向平衡关系和总量平衡关系。

1. 行向平衡关系

行向平衡关系为：中间需求＋最终需求＝总产出。
用表 4.1 中的符号表示，第 i 部门的行向平衡式可以表示为

$$\sum_{j=1}^{n} z_{ij} + f_i = x_i, \quad i = 1, 2, \cdots, n \tag{4.1}$$

2. 列向平衡关系

列向平衡关系为：中间投入＋最初投入＝总投入。
按照此平衡关系，用表 4.1 中的符号表示，对 j 部门都可以建立如下列向平衡关系：

$$\sum_{i=1}^{n} z_{ij} + v_j = x_j, \quad j = 1, 2, \cdots, n \tag{4.2}$$

3. 总量平衡关系

将公式（4.1）、公式（4.2）求和得到公式（4.3）、公式（4.4）：

$$\sum_{i=1}^{n}\sum_{j=1}^{n} z_{ij} + \sum_{i=1}^{n} f_i = \sum_{i=1}^{n} x_i \tag{4.3}$$

$$\sum_{j=1}^{n}\sum_{i=1}^{n} z_{ij} + \sum_{j=1}^{n} v_j = \sum_{j=1}^{n} x_j \tag{4.4}$$

因为 $\sum_{i=1}^{n}\sum_{j=1}^{n} z_{ij} = \sum_{j=1}^{n}\sum_{i=1}^{n} z_{ij}$，$\sum_{i=1}^{n} x_i = \sum_{j=1}^{n} x_j$，所以 $\sum_{i=1}^{n} f_i = \sum_{j=1}^{n} v_j$。

综上得到三个平衡关系：总投入＝总产出；中间投入总和＝中间需求总和；最初投入总和＝最终需求总和。

4.1.3 投入产出常见系数的计算

1. 直接消耗系数的计算

投入产出模型中最重要的基本概念便是直接消耗系数，直接消耗系数的经济意义主要在于某个部门生产单位产品对其他部门产品的直接消耗，定义如下：

$$a_{ij} = \frac{z_{ij}}{x_j}, \quad i, j = 1, 2, \cdots, n \tag{4.5}$$

其中，a_{ij} 表示第 j 部门生产单位产品对第 i 部门产品的直接消耗量，即为直接消耗系数。直接消耗系数反映一定技术条件下第 j 部门与第 i 部门之间的技术联系，可以用矩阵形式表示：

$$A = \begin{pmatrix} a_{11} & a_{12} & \cdots & a_{1n} \\ a_{21} & a_{22} & \cdots & a_{2n} \\ \vdots & \vdots & & \vdots \\ a_{n1} & a_{n2} & \cdots & a_{nn} \end{pmatrix}$$

2. 完全消耗系数的计算

对直接消耗系数和间接消耗系数进行加总便得到完全消耗系数，指的是各部门为了得到最终产品对所消耗的 f_i 产品的直接消耗和间接消耗之和。完全消耗系数 b_{ij} 有两种计算方法。

（1）根据经济概念来计算，计算公式为

$$b_{ij} = a_{ij} + \sum_{k=1}^{n} a_{ik} a_{kj} + \sum_{k=1}^{n}\sum_{s=1}^{n} a_{is} a_{sk} a_{kj} + \sum_{k=1}^{n}\sum_{s=1}^{n}\sum_{t=1}^{n} a_{it} a_{ts} a_{sk} a_{kj} + \cdots, \quad i,j=1,2,\cdots,n \quad (4.6)$$

用矩阵形式表示为

$$B = A + A^2 + A^3 + A^4 + \cdots = (I-A)^{-1} - I \quad (4.7)$$

（2）采用另外一种视角来分析，某个部门对另外一个部门的间接消耗可以通过中间消耗环节对另一个部门的完全消耗得到，那么完全消耗系数 b_{ij} 的计算公式为

$$b_{ij} = a_{ij} + \sum_{k=1}^{n} b_{ik} a_{kj}, \quad i,j=1,2,\cdots,n \quad (4.8)$$

用矩阵形式表示即为 $B = A + BA$。

3. 直接分配系数的计算

反映各部门产品的分配情况的直接分配系数的定义如公式（4.9）所示：

$$h_{ij} = z_{ij} / x_i, \quad i,j=1,2,\cdots,n \quad (4.9)$$

其中，直接分配系数 h_{ij} 的含义是第 j 部门可以从第 i 部门的单位产出中分配到的产出，用矩阵形式表示为

$$H = \begin{pmatrix} h_{11} & h_{12} & \cdots & h_{1n} \\ h_{21} & h_{22} & \cdots & h_{2n} \\ \vdots & \vdots & & \vdots \\ h_{n1} & h_{n2} & \cdots & h_{nn} \end{pmatrix}$$

代入模型可以得到式（4.10）：

$$\sum_{i=1}^{n}h_{ij}x_i + v_j = x_j, \quad j=1,2,\cdots,n \tag{4.10}$$

矩阵形式为

$$H'X + V = X \tag{4.11}$$

可以变换成

$$(I - H')X = V \tag{4.12}$$

也就是说

$$X = (I - H')^{-1}V \tag{4.13}$$

公式（4.13）即为 Ghosh 模型，$(I-H)^{-1}$ 为 Ghosh 逆矩阵，记为

$$\tilde{G} = (I - H)^{-1} \tag{4.14}$$

4.2 投入产出模型产业关联测度方法

4.2.1 影响力系数和感应度系数

后向联系是指生产部门与其供给部门之间的联系和依存关系；前向联系是指生产部门与其使用或消耗部门之间的联系和依存关系。

影响力系数计算公式如公式（4.15）所示：

$$\delta_j = \frac{\dfrac{1}{n}\sum_{i=1}^{n}\tilde{b}_{ij}}{\dfrac{1}{n^2}\sum_{j=1}^{n}\sum_{i=1}^{n}\tilde{b}_{ij}}, \quad i,j=1,2,\cdots,n \tag{4.15}$$

公式（4.15）反映了第 j 部门增加一个单位最终需求对国民经济各部门的需求波及程度。其在经济上的意义体现为当某部门的最终需求变动的时候，其上游部门应该如何变化以满足其需求。

感应度系数计算公式为

$$\theta_i = \frac{\dfrac{1}{n}\sum_{j=1}^{n}\tilde{g}_{ij}}{\dfrac{1}{n^2}\sum_{i=1}^{n}\sum_{j=1}^{n}\tilde{g}_{ij}}, \quad i,j=1,2,\cdots,n \tag{4.16}$$

公式（4.16）反映了第 i 部门增加单位增加值对各部门产出的推动程度。其在经济上的含义是当某部门的下游需求变动的时候，该部门的需求如何变动。

感应度系数较大的产业，是国民经济中处于基础地位的产业。

4.2.2 贸易竞争力指数

贸易竞争力（trade competitiveness，TC）指数是某个国家进出口贸易差额占该国贸易总额的比重，反映了贸易竞争力，计算公式为

$$TC_{index} = \frac{（出口额-进口额）}{（出口额+进口额）} \quad (4.17)$$

TC 指数是一个相对值的概念。取值范围为(-1, 1)。当 TC＞0 时，说明该国在此产品上有竞争力，数值越接近 1，竞争力越强。

4.3 非竞争型投入产出模型简介

4.3.1 非竞争型投入产出模型基本说明

相对于一般的投入产出模型，非竞争型投入产出模型将中间投入部分划分为国内品中间投入和进口品中间投入两部分，体现了中间需求和最终需求对本系统产品和外部输入品消耗的不完全替代性。在研究对外贸易时一般选择非竞争型投入产出模型作为分析工具，基本表式结构见表4.2。

表 4.2 非竞争型投入产出模型表式结构

		中间需求				最终需求			总产出及总进口
		1 2 … n		消费	资本形成	出口	合计	
国内品中间投入	1 2 ⋮ n	z_{ij}^D					f_i^D	x_i
进口品中间投入	1 2 ⋮ n	z_{ij}^M					f_i^M	m_i
最初投入								
总投入								

非竞争型投入产出模型的主要优点是能够比较清晰地反映生产过程和最终需求过程对进口产品的消耗，可以研究进出口与国内经济的相互影响。

4.3.2 基本系数定义

非竞争型投入产出模型在水平方向存在两个平衡式，一是国内产品的生产等于国内产品的使用，二是进口产品的进口量等于进口产品的使用量，可以表示为公式（4.18）和公式（4.19）：

$$\sum_{j=1}^{n} z_{ij}^D + f_i^D = x_i, \quad i = 1, 2, \cdots, n \tag{4.18}$$

$$\sum_{j=1}^{n} z_{ij}^M + f_i^M = m_i, \quad i = 1, 2, \cdots, n \tag{4.19}$$

其中，$A^D = (a_{ij}^D) = \left(\dfrac{z_{ij}^D}{x_j}\right)$ 表示国内品的直接消耗系数；$A^M = (a_{ij}^M) = \left(\dfrac{z_{ij}^M}{x_j}\right)$ 表示进口品的直接消耗系数。

式（4.18）和式（4.19）用矩阵形式表示为

$$A^D X + F^D = X \tag{4.20}$$

$$A^M X + F^M = M \tag{4.21}$$

对式（4.20）进行整理，可以得到

$$X = (I - A^D)^{-1} F^D = \tilde{B}^D F^D \tag{4.22}$$

完全需要系数用 $\tilde{B}^D = (I - A^D)^{-1}$ 表示。

4.3.3 出口对总产出和增加值的影响效应分析

根据投入产出理论分析，若采用 v_j 代表第 j 个部门的增加值，那么 $A_v' = (a_{vj}) = (v_j / x_j)$ 便代表直接增加值系数，$B_v' = (b_{v1}, b_{v2}, \cdots, b_{vn})$ 便代表完全增加值系数，结合公式（4.22）可得

$$B_v' = A_v'(I - A^D)^{-1} \tag{4.23}$$

由上述公式可以得到出口变动对总产出、国内增加值和就业的影响：

$$\Delta X = (I - A^D)^{-1} \Delta E = \tilde{B}^D \Delta E \tag{4.24}$$

$$\Delta V = A_v' \Delta X = A_v'(I - A^D)^{-1} \Delta E = B_v' \Delta E \tag{4.25}$$

其中，ΔX 表示总产出增量列向量；ΔE 表示出口增量列向量；ΔV 表示国内增加值增量。

4.3.4 进口品完全消耗系数分析

根据进口品的直接消耗系数的定义，a_{ij}^M 是第 j 部门单位产品生产中直接消耗的第 i 部门的进口产品的数额。在生产产品过程中直接消耗了进口的原料、能源等，就是这些进口品直接消耗的量。进口品的完全消耗量等于进口品直接消耗量加上进口品的间接消耗的量。将 b_{ij}^M 定义为进口品的完全消耗系数，则有

$$b_{ij}^M = a_{ij}^M + \sum_{i=1}^{n} b_{ij}^M a_{ij}^D, \ \ i,j = 1,2,\cdots,n \tag{4.26}$$

矩阵形式可以表示为

$$B^M = A^M + B^M A^D B^M = A^M (I - A^D)^{-1} = A^M \tilde{B}^D \tag{4.27}$$

其中，$B^M = \left(b_{ij}^M \right)$ 表示进口品完全消耗系数矩阵。

直接进口额系数定义为某个部门生产一单位的产品直接消耗的进口产品的总和，公式为

$$a_{Mj} = \sum_{i=1}^{n} a_{ij}^M, \ \ j = 1,2,\cdots,n \tag{4.28}$$

称 a_{Mj} 为第 j 部门的直接进口额系数，它等于第 j 部门对进口品的直接消耗系数总和。矩阵形式表示如下：

$$A_M' = \mu' A^M \tag{4.29}$$

其中，$A_M = (a_{M1}, a_{M2}, \cdots, a_{Mn})'$；$\mu' = (1,1,\cdots,1)$ 表示求和向量。

完全进口额系数定义成某部门生产一个单位产品需要的直接进口额加上间接进口额。令 b_{Mj} 表示第 j 部门单位产出的完全进口额系数，则

$$b_{Mj} = a_{Mj} + \sum_{i=1}^{n} a_{Mi} a_{ij}^D + \sum_{i=1}^{n}\sum_{k=1}^{n} a_{Mk} a_{ki}^D a_{ij}^D + \sum_{i=1}^{n}\sum_{k=1}^{n}\sum_{s=1}^{n} a_{Ms} a_{sk}^D a_{ki}^D a_{ij}^D + \cdots$$
$$j = 1,2,\cdots,n \tag{4.30}$$

公式（4.30）可以写为如下矩阵形式：

$$\begin{aligned} B_M' &= A_M' + A_M' A^D + A_M' A^D A^D + A_M' A^D A^D A^D + \cdots \\ &= A_M' (I + A^D + A^{D2} + A^{D3} + \cdots) \\ &= A_M' (I - A^D)^{-1} \end{aligned} \tag{4.31}$$

其中，$A_M = (a_{M1}, a_{M2}, \cdots, a_{Mn})'$ 表示直接进口系数；$B_M = (b_{M1}, b_{M2}, \cdots, b_{Mn})'$ 表示完全

进口系数。

可以得到

$$B'_v + B'_M = A'_v(I-A^D)^{-1} + A'_M(I-A^D)^{-1} = (A'_v + A'_M)(I-A^D)^{-1} \qquad (4.32)$$

对于投入产出表的每一个部门而言，该部门的中间投入系数加上增加值系数等于1，也就是说：

$$\mu'A^D + \mu'A^M + A'_v = \mu' \qquad (4.33)$$

故此得到公式（4.34）：

$$\begin{aligned}B'_v + B'_M &= (A'_v + \mu'A^M)(I-A^D)^{-1} = (\mu' - \mu'A^D)(I-A^D)^{-1} \\ &= \mu'(I-A^D)(I-A^D)^{-1} = \mu'\end{aligned} \qquad (4.34)$$

由公式（4.34）可以发现规律：任何一个投入产出部门，其完全国内增加值系数加上完全进口额系数等于1。用公式表示即为

$$b_{vj} + b_{Mj} = 1, \quad j = 1, 2, \cdots, n \qquad (4.35)$$

扩展到国家层面，某个国家的完全国内增加值系数加上完全进口额系数为1。

4.4 编制投入产出表的数据来源及数据处理

4.4.1 数据来源说明

1. GTAP 模型简介

GTAP 模型是由美国普渡大学教授 Thomas W. Hertel 开发出的多国多部门一般均衡模型，以"在整个经济框架内对国际经济问题进行定量分析"为基础。与本书最相关的是包含投入产出基本数据和双边贸易数据的 GTAP 数据库。尽管有越来越多的全球数据库出现，但无法获得一致和可靠的数据往往被视为国际贸易研究的主要障碍。GTAP 数据库是一个基于给定基准年份的世界经济框架，底层数据库包括来源于不同数据库的投入产出数据、双边贸易数据、农业数据、能源数据及其他关键的经济和保护数据。这些基本的投入产出数据在来源、基准年份和部门细节方面各不相同，为了一致性，必须做出大量努力使不同的来源具有可比性。GTAP 数据库已经对这些大量的可能相互冲突的数据组合进行了协调和平衡，保证了数据的平衡和一致性。

由于 GTAP 数据库没有大量的持续资金，数据库的构建在很大程度上基于各种合作者和数据贡献者的输入。数据库的大部分输入数据都是基于自愿提交的数据，以换取对数据库的免费访问。虽然 GTAP 数据库确实对数据进行了一致性检查，但不能保证底层数据质量，在使用时需特别注意。

本章构建投入产出表的数据来自标准 GTAP 8.0 数据库（2007 年）。该数据库于 2011 年发布，集成了全球 129 个国家 57 个部门 2007 年的经济数据。

2. 基本指标说明

本章提取的数据指标、数据维度和基本情况如表 4.3 所示。

表 4.3　指标说明

数据指标	数据维度	基本情况
VDFM	$t \times p \times r$	企业部门的国内消费，以市场价格计
VDGM	$t \times r$	政府部门的国内消费，以市场价格计
VDPM	$t \times r$	家庭部门的国内消费，以市场价格计
VDKM	$t \times r$	投资部门的国内消费，以市场价格计
VDEP	r	资本折旧
VST	$t \times r$	预付保证金的出口
VXMD	$t \times r \times r$	不缴纳保证金的出口，以市场价格计
VIFM	$t \times p \times r$	企业部门的进口消费，以市场价格计
VOM	$t \times r$	总产出，以市场价格计
VIGM	$t \times r$	政府部门的进口消费，以市场价格计
VIPM	$t \times r$	家庭部门的进口消费，以市场价格计
VIKM	$t \times r$	投资部门的进口消费，以市场价格计
VFM	$e \times p \times r$	家庭部门的初次消费，以市场价格计
FRTV	$e \times p \times r$	税收收入
FBEP	$e \times p \times r$	基于要素的补贴
ISEP	$t \times p \times r \times d$	中间投入补贴
OSEP	$t \times r$	一般产出补贴

4.4.2　数据处理

1. 构建包含九个区域的东盟地区投入产出表

东盟地区由十个国家组成，包括文莱、缅甸、柬埔寨、印度尼西亚、老挝、马来西亚、菲律宾、新加坡、泰国和越南。GTAP 8.0 数据库提供了东盟地区中的八个国家及其他东南亚地区的数据，不包括文莱和缅甸。其他东南亚地区包括文莱、缅甸及东帝汶小岛。鉴于 GTAP 8.0 数据库中没有独立的文莱和缅甸的数据,并且东帝汶小岛与中国的贸易额较小[①],本章分别编制九张投入产出表,即泰国、柬埔寨、印度尼西亚、老挝、马来西亚、菲律宾、新加坡、越南和其他东南亚地区的投入产出表,并将其他东南亚地区近似为文莱和缅甸之和。

2. 增加值分项的处理

生产税净额和营业盈余数据:东盟九个地区的 57 个部门的生产税净额和营业盈余数据直接从 GTAP 8.0 数据库中提取。

固定资产折旧数据:GTAP8.0 数据库只包含每个地区的固定资产折旧总值,并没有按部门细分的固定资产折旧数据。考虑到东盟地区与中国产业结构相似,本章做出以下假设:东盟地区固定资产折旧部门结构与中国相应部门结构相同[②]。首先,计算出按 GTAP 数据库部门分类的中国投入产出部门的固定资产折旧占总增加值的比例,然后根据这一比例估算出东盟九个地区 57 个部门的固定资产折旧数值。由于中国投入产出表部门分类不同于 GTAP 数据库的部门分类,因此还需要对应中国 135 个投入产出部门与 GTAP 数据库的 57 个部门[③]。

事实上,由于东盟地区的增加值分项结构与中国各部门的增加值分项结构并不完全相同,计算结果发现用这种方法得出的东盟九个地区 57 个部门的固定资产折旧总额与 GTAP 数据库中九个地区的固定资产折旧总额不完全一致,差额约为固定资产折旧额的 10%。然而,考虑到这个差额并不大,我们直接采用这个结果作为代替。

从业人员报酬数据的计算公式为:第 i 部门从业人员报酬 = 第 i 部门总增加值 - 第 i 部门固定资产折旧 - 第 i 部门营业盈余 - 第 i 部门生产税净额。

[①] 2010 年中国与文莱和缅甸的双边贸易额达到 547 401 万美元,其中中国出口 384 313 万美元,进口 163 088 万美元;中国与东帝汶的双边贸易额达到 4308 万美元,占中国与其他东南亚地区总额的 0.78%,其中中国出口 4283 万美元(占总额的 1.1%),进口 25 万美元(占总额的 0.015%)。2011 年中国与文莱和缅甸的双边贸易额达到 781 261 万美元,其中中国出口 556 589 万美元,进口 224 672 万美元;中国与东帝汶的双边贸易额达到 7200 万美元,占中国与其他东南亚地区总额的 0.91%,其中中国出口 7000 万美元(占总额的 1.24%),进口 200 万美元(占总额的 0.89%)。

[②] 中国和东盟各国产业结构具有相似性,但也存在差异。在获得东盟各国关键部门的固定资产折旧数据后,可将其补充进假设。

[③] 该对应关系不能完全对应。其中,GTAP 部门 26 和 IO(135 部门)部门 23 不能直接对应,IO 部门 23 需要排除掉精制茶加工才对应 GTAP 部门 26,精制茶加工在 GTAP 部门中未找到直接对应的部门,由于精制茶加工产量很小,故将 GTAP 部门 26 与 IO 部门 23 直接对应。眼镜制造属于 IO 部门 88,但在 GTAP 部门分类中未找到,暂且对应到部门 40,归于广播、电视、通信设备和仪器的制造及办公、会计和计算机械的制造。这样 IO 部门 88 与 GTAP 部门 40 可以直接对应。由于 IO 表 135 部门不能与 GTAP 的 57 部门完全对应,故剩余部门直接参照 IO 表 135 部门和联合国《产品总分类》(Central Product Classification,CPC)、《国际标准产业分类》(International Standard Industrial Classification, ISIC)单个对应。

4.5 东盟国家非竞争型投入产出表的构造

4.5.1 构建的基本表式

非竞争型投入产出表基本表式如表 4.4 所示。

表 4.4 东盟地区非竞争型投入产出表的表式结构

		中间需求	最终需求				调整项	总产出及总进口
			消费	资本形成	出口	合计		
		1 2 … 57	居民 | 政府					
国内品中间投入	1 2 ⋮ n	z_{ij}^D	C_i	M_i	E_i	f_i^D		x_i
进口品中间投入	1 2 ⋮ n	z_{ij}^M	C_i^M	M_i^M	E_i^M	f_i^M		x_i^M
固定资产折旧		d_j						
从业人员报酬		w_j						
生产税净额		t_j						
营业盈余		s_j						
总投入		x_j						

4.5.2 构建模型

对于国内品部分:

$$x_i = \sum_{j=1}^{n} z_{ij} + C_{i居} + C_{i政} + M_i + E_i \tag{4.36}$$

那么对地区 r 可以表示为

$$\text{VOM}_i = \sum_{j=1}^{n} \text{vdfm}_{ij} + \text{vdpm}_i + \text{vdgm}_i + \text{vdkm}_i + \text{vst}_i + \sum_{s=1}^{n} \text{vxmd}_i^{rs} \tag{4.37}$$

其中，s 表示地区；rs 表示地区 r 到地区 s 的出口。

对于进口品部分（这里假定进口品不出口）：

$$x_i^M = \sum_{j=1}^{n} z_{ij}^M + C_{i居}^M + C_{i政}^M + M_i^M \tag{4.38}$$

那么对地区 r 可以表示为

$$\text{VFM}_i^s = \sum_{j=1}^{n} \text{vifm}_{ij} + \text{vipm}_i + \text{vigm}_i + \text{vikm}_i \tag{4.39}$$

$$d_j = \text{vdep}$$

$$t_j = \sum_{i=1}^{n} \text{frtv}_{ij} - \sum_{i=1}^{n} \text{fbep}_{ij} - \sum_{i=1}^{n} \text{isep}_{ij} - \sum_{i=1}^{n} \text{osep}_{ij}$$

$$s_j = \text{save}$$

$$w_j = x_j - \sum_{i=1}^{n} z_{ij} - d_j - t_j - s_j \tag{4.40}$$

利用式（4.36）～式（4.40），构建出东盟各地区的非竞争型投入产出表。

4.6 本章小结

本章提出了一种在不需要平衡的情况下使用 GTAP 数据库构建数据口径一致的地区（国家）投入产出表的方法。基于 GTAP 8.0 数据库构建的东盟地区投入产出表，解决了东盟地区没有数据口径一致的投入产出表的问题，为后续核算东盟地区在国际贸易中的实际利益所得提供了有力工具。

东盟地区由十个国家组成，包括文莱、缅甸、柬埔寨、印度尼西亚、老挝、马来西亚、菲律宾、新加坡、泰国和越南。然而，考虑到 GTAP 数据库中没有单独的文莱和缅甸数据，只包括其他八个国家及其他东南亚地区的数据，其中其他东南亚地区包括文莱、缅甸和东帝汶小岛。由于东帝汶的贸易占比很小，本章采用其他东南亚地区的数据代替文莱和缅甸之和。

在本章中，我们编制了东盟九个地区（泰国、柬埔寨、印度尼西亚、老挝、马来西亚、菲律宾、新加坡、越南和其他东南亚地区）的投入产出表，为计算东盟贸易中的实际利益所得提供了有力工具。然而，需要注意的是，尽管 GTAP 数据库是一个优秀的资源，但在使用过程中仍需谨慎，就像处理来自第三方数据源一样。

第5章 中国-东盟贸易增加值效应测算

5.1 数 据 处 理

5.1.1 对海关贸易数据的处理

将海关 HS-8 位编码商品与投入产出部门及 GTAP 部门对应起来，主要通过以下三个步骤完成。

1. 对应 HS-8 位编码与 ISIC/CPC 编码

（1）根据联合国提供的 HS-6 位编码与 ISIC/CPC 的对应表，将前后非零的海关 HS-8 位编码商品与 ISIC/CPC 编码对应起来。

（2）对于前后含有零的海关 HS-8 位编码商品，通过商品详情进行手动一一对应。

2. 对应 ISIC/CPC 编码与投入产出部门

在利用国家统计局公布的《国民经济行业分类》与联合国制定的《国际标准行业分类》的基础上，根据商品详情进行手动一一对应。

3. 对应 GTAP 部门与投入产出部门

GTAP 部门的分类部分按照 CPC 编码分类，部分按照 ISIC 编码分类。因此，在部门对应时，按照 CPC 编码和 ISIC 编码的部门详情进行分类。

（1）构建 IO 表 135 部门与 GTAP 57 部门的对应表。由于 GTAP 数据库中只有每个地区的固定资产折旧总值和营业盈余，无法获取各东盟国家各部门的固定资产折旧结构，因此，假设东盟地区固定资产折旧部门结构与中国投入产出表中相应部门结构相同，并构建对应表。

（2）由于 IO 表 135 部门与 GTAP 57 部门无法完全对应，剩余部分直接参照 IO 表 135 部门的详细部门和 CPC 编码、ISIC 编码进行单个对应（附表1）。

5.1.2 中国从贸易伙伴国进口数据的处理

中国海关统计的进口商品价格采用 CIF 价格，需要减去运费和保费以获得 FOB 价格。根据国家外汇管理局提供的数据，亚洲地区的运费为 2.55%，保费为 1%。在得到 FOB 价格的基础上，需要调整为从 GTAP 8.0 数据库提取的投入产出表所采用的市场价格（market price）。具体做法是用 FOB 价格×(1–进口商品购买税率)的值来表示市场价格。

5.2 中国从东盟进口增加值的测算

5.2.1 模型测算

投入产出技术的核心模型为

$$A^D X + Y = X \Rightarrow X = (I - A^D)^{-1} Y \tag{5.1}$$

最终需求项目（投资、消费、出口等）变动对总产值及各部门产值（X）、GDP 及各部门增加值、劳动报酬（W）、营业盈余（T）、就业（L）等的影响为

$$\Delta X = (I - A^D)^{-1} \Delta Y$$
$$\Delta \mathrm{GDP} = A_v (I - A^D)^{-1} \Delta Y$$
$$\Delta W = A_w (I - A^D)^{-1} \Delta Y$$
$$\Delta T = A_t (I - A^D)^{-1} \Delta Y$$
$$\Delta L = A_l (I - A^D)^{-1} \Delta Y \tag{5.2}$$

如果计算出口变动（Ex）对各部门增加值及 GDP 的拉动作用，可根据以下两式计算：

$$\Delta V = \widehat{A_v} (I - A^D)^{-1} \Delta \mathrm{Ex}$$
$$\Delta \mathrm{GDP} = A_v (I - A^D)^{-1} \Delta \mathrm{Ex} \tag{5.3}$$

5.2.2 结果分析

1. 测算结果

表 5.1 和表 5.2 展示了 2010 年和 2011 年中国从东盟各地区进口的各种产品的增加值情况。

表 5.1 2010年中国从东盟各地区的进口增加值（单位：万美元）

部门	柬埔寨	印度尼西亚	老挝	马来西亚	菲律宾	新加坡	泰国	越南	其他东南亚地区
水稻	30	3 461	898	890	1 296	0	2 899	906	589
小麦	0	1	0	0	1	0	0	0	0
其他谷物	6	2 856	209	36	2 339	0	13 661	1 964	221
蔬果	51	8 249	95	562	19 506	14	80 721	43 719	6 557
油料作物	5	68 277	46	150 670	4 378	0	614	167	947
甘蔗类	1	196	1	2 235	508	0	538	236	85
植物纤维	6	108	0	137	227	0	65	137	1
其他粮食作物	56	23 356	699	8 978	1 687	227	10 378	1 903	1 352
牛羊马	35	3 447	22	446	641	0	1 483	100	85
动物产品制造	98	1 689	44	13 224	1 398	82	4 044	1 027	553
原料乳	0	20	0	7	4	0	131	0	0
毛纺及丝绸	3	57	0	2	0	0	110	1	1
林业	4 202	105 070	9 683	138 860	3 445	57	187 440	43 356	14 369
渔业	111	9 035	43	3 213	4 339	68	6 428	2 562	2 761
煤炭开采业	0	483 690	13	2 641	11 798	0	1 518	75 867	16
石油开采业	0	153 650	19	271 710	26	527	36 757	30 415	51 308
天然气开采业	0	15 430	0	40 578	3	12	10 004	652	862
金属矿采选业	31	239 970	1 717	11 018	67 960	5	18 231	12 186	5 341
牲畜屠宰	1	202	0	17	635	80	495	6	4
肉制品	3	1 346	0	103	387	81	1 066	87	25
食物油制品	2	107 370	17	58 221	5 412	252	554	722	432
乳制品	0	45	0	191	351	415	100	19	4
大米	1	380	0	64	53	340	601	86	7
糖类	1	97	0	0	213	284	1 319	223	76
食品制造	10	8 810	30	5 003	6 028	10 429	11 561	2 262	364
饮料及烟草制造	1	3 555	12	3 334	1 466	3 157	3 216	366	14
服装制造	335	15 006	28	3 239	2 947	378	15 754	9 594	28
纺织品	202	1 866	4	610	835	839	1 494	1 555	54
皮革	39	5 402	1	310	1 943	46	8 113	3 672	15
木制品	210	14 839	51	8 807	5 723	434	25 880	9 844	1 040
出版纸制品	4	42 666	9	12 717	2 378	11 016	10 053	1 188	129
石油制品	0	16 609	232	29 114	751	17 853	13 331	1 480	103

续表

部门	柬埔寨	印度尼西亚	老挝	马来西亚	菲律宾	新加坡	泰国	越南	其他东南亚地区
化学橡胶塑料制品	43	79 136	26	203 810	21 084	256 390	242 500	12 448	478
矿物制品	1	3 578	20	29 093	4 138	8 131	10 935	6 766	100
有色金属	1	1 498	7	9 166	5 744	2 002	13 427	−98	55
其他金属	1	20 441	2 483	7 132	13 514	3 766	1 659	384	158
金属制品	2	4 076	44	29 157	11 667	16 593	14 131	432	154
汽车零部件	2	6 853	3	3 917	586	275	6 798	918	91
交通运输设备制造	3	1 904	1	1 293	238	2 573	1 583	1 251	33
其他电子设备	3	17 502	10	774 200	401 900	200 540	422 690	18 835	476
其他机械设备	3	24 659	96	96 241	52 036	108 300	82 223	12 490	216
其他制造业	23	5 382	187	105 780	25 667	4 969	26 808	3 764	1 204
电力供应	6	2 561	645	47 668	17 604	7 929	15 068	29 793	1 550
燃气生产与分销	0	5 088	1 022	44 460	1 768	28	26 433	5 995	2 922
水力供应	3	156	308	4 653	645	1 780	3 228	704	150
建筑业	5	5 099	15	19 400	1 227	2 218	1 077	15	903
批发零售业	318	59 623	3 578	471 870	108 400	56 813	241 250	9 897	6 467
其他运输业	70	25 356	1 122	30 196	4 778	18 857	15 099	103	1 007
海上运输业	12	6 500	74	8 937	231	1 212	3 174	−2	279
航空运输业	37	498	79	2 532	684	1 318	3 054	−27	420
邮电业	11	9 070	465	34 226	8 133	8 148	20 518	3 012	417
金融服务业	38	23 747	204	76 443	7 382	10 010	42 663	923	778
保险业	6	1 416	19	1 550	2 186	1 879	5 510	161	68
商业相关	38	7 379	278	65 133	13 685	47 483	20 219	6 023	1 612
文娱产业	45	19 178	145	3 762	3 272	22 153	11 225	97	210
公共管理业	2	1 499	0	4 087	412	0	8 012	6 181	1 092	41
其他	0	5 151	16	284	0	0	39	0	5
总增加值	6 115	1 674 100	24 719	2 841 900	855 660	837 980	1 706 000	361 280	107 140

注：总增加值数据据原始数据所得，其余数据为原始数据四舍五入后的结果

表 5.2　2011 年中国从东盟各地区的进口增加值（单位：万美元）

部门	柬埔寨	印度尼西亚	老挝	马来西亚	菲律宾	新加坡	泰国	越南	其他东南亚地区
水稻	107	4 860	847	1 175	1 381	0	2 918	1 707	836
小麦	0	1	0	0	0	0	0	0	0

续表

部门	柬埔寨	印度尼西亚	老挝	马来西亚	菲律宾	新加坡	泰国	越南	其他东南亚地区
其他谷物	18	4 214	150	45	2 327	0	15 298	10 113	119
蔬果	137	10 550	62	654	34 578	25	93 749	68 605	3 299
油料作物	15	97 167	29	217 030	3 445	0	684	247	467
甘蔗类	2	452	0	3 200	1 129	0	3 361	351	73
植物纤维	13	142	0	171	246	0	74	199	3
其他粮食作物	158	32 213	654	11 664	2 185	317	11 753	2 389	1 718
牛羊马	81	4 832	16	575	671	0	1 653	160	185
动物产品制造	393	2 310	11	16 477	1 486	78	2 949	1 155	458
原料乳	0	26	0	11	4	0	146	0	0
毛纺及丝绸	0	72	0	11	0	0	124	1	1
林业	7 082	165 370	20 257	191 920	4 911	101	326 180	75 970	22 045
渔业	316	11 591	31	2 815	4 891	96	7 535	4 862	2 762
煤炭开采业	0	806 310	22	8 269	12 644	0	1 809	105 260	35
石油开采业	0	131 640	22	326 670	618	647	50 517	54 719	44 175
天然气开采业	0	16 352	0	51 713	3	13	12 417	296	1 163
金属矿采选业	13	500 870	2 015	20 876	127 060	2	18 228	21 319	6 765
牲畜屠宰	1	281	0	22	666	83	552	9	13
肉制品	8	1 717	0	130	412	84	1 166	140	64
食物油制品	4	152 570	10	84 853	4 029	215	618	1 063	173
乳制品	1	55	0	292	394	458	121	34	6
大米	3	546	0	84	57	320	611	158	7
糖类	2	233	0	0	560	272	8 282	335	63
食品制造	33	13 380	13	6 908	6 872	9 503	12 223	4 407	323
饮料及烟草制造	2	3 114	18	4 547	1 577	3 444	3 732	692	14
服装制造	759	17 229	31	3 724	3 379	398	17 837	13 882	92
纺织品	578	3 458	11	704	1 221	959	2 108	2 972	203
皮革	85	6 295	1	528	2 021	152	7 642	5 102	35
木制品	255	24 739	97	10 163	6 442	477	32 955	14 840	1 596
出版纸制品	9	54 175	10	15 738	2 574	12 587	12 265	1 957	288
石油制品	1	16 575	274	37 121	742	21 915	12 651	584	151

续表

部门	柬埔寨	印度尼西亚	老挝	马来西亚	菲律宾	新加坡	泰国	越南	其他东南亚地区
化学橡胶塑料制品	120	118 630	39	260 380	20 454	299 790	316 400	15 390	586
矿物制品	2	5 077	34	31 421	5 972	10 370	12 242	9 468	137
有色金属	3	1 943	9	12 253	6 126	2 238	14 330	−85	105
其他金属	4	25 056	3 042	10 272	18 976	3 564	3 259	454	201
金属制品	21	5 558	53	34 823	12 575	17 863	18 912	706	306
汽车零部件	4	10 096	3	4 403	704	271	9 745	1 247	133
交通运输设备制造	0	2 425	1	1 622	300	16 598	501	1 885	51
其他电子设备	4	19 718	9	929 020	413 020	203 730	442 360	37 014	932
其他机械设备	10	31 903	115	102 020	56 606	127 090	95 428	18 245	265
其他制造业	97	8 837	324	128 040	25 699	5 215	28 310	6 209	6 519
电力供应	16	3 664	769	60 518	20 240	9 168	17 440	44 180	2 548
燃气生产与分销	0	7 041	1 211	56 400	2 046	33	31 192	8 708	5 092
水力供应	6	226	371	5 876	709	2 024	3 649	1 064	250
建筑业	10	9 115	18	23 551	1 957	2 593	1 235	25	1 107
批发零售业	690	85 519	4 352	578 620	113 190	63 947	273 140	16 123	8 577
其他运输业	132	37 034	1 351	37 625	5 191	21 506	17 504	156	1 373
海上运输业	21	9 178	90	10 945	262	1 368	3 589	−2	394
航空运输业	68	769	95	3 138	732	1 515	3 519	−42	538
邮电业	21	12 934	578	42 223	9 313	9 300	23 425	4 940	568
金融服务业	79	32 268	244	96 264	8 324	11 154	50 362	1 507	1 198
保险业	12	1 990	23	1 935	3 022	2 185	6 845	254	104
商业相关	75	10 736	339	80 927	18 475	54 906	24 274	9 670	2 028
文娱产业	97	29 087	182	4 479	3 881	29 762	13 202	155	328
公共管理业	3	2 366	0	5 072	567	9 182	7 243	1 650	57
其他	0	7 538	32	350	0	0	52	0	6
总增加值	11 571	2 562 100	37 868	3 540 300	976 870	957 510	2 080 300	572 450	120 540

注：总增加值数据原始数据所得，其余数据为原始数据四舍五入后的结果

2. 中国从东盟进口的增加值分析

表5.3、表5.4展示了2010年和2011年中国从东盟各地区进口带来的各部门进口总值及增加值测算结果。

表 5.3　2010 年中国从东盟各地区的进口总值及增加值（单位：亿美元）

指标	柬埔寨	印度尼西亚	老挝	马来西亚	菲律宾	新加坡	泰国	越南	其他东南亚地区
进口总值	0.8	187.6	4.9	542.1	153.2	227.3	294.1	68.8	11.7
增加值	0.6	167.4	2.5	284.2	85.6	83.8	170.6	36.1	10.7
每单位进口的增加值	0.76	0.89	0.50	0.52	0.56	0.37	0.58	0.53	0.91

表 5.4　2011 年中国从东盟各地区的进口总值及增加值（单位：亿美元）

指标	柬埔寨	印度尼西亚	老挝	马来西亚	菲律宾	新加坡	泰国	越南	其他东南亚地区
进口总值	1.6	287.6	6.9	681.2	173.4	263.6	349.6	111.7	14.0
增加值	1.2	256.2	3.8	354.0	97.7	95.8	208.0	57.2	12.1
每单位进口的增加值	0.72	0.89	0.55	0.52	0.56	0.36	0.59	0.51	0.86

东盟地区为中国的主要贸易伙伴之一，2010 年中国从东盟各地区的进口总值为 1491 亿美元，2011 年增加至 1890 亿美元，增长率为 26.8%。由于中国对东盟各地区的进口结构各异，因此中国从东盟各地区的进口对增加值的影响也各不相同。总体来看，有以下特点。

第一，中国从马来西亚进口带来的增加值最高，从柬埔寨进口带来的增加值最低。在中国从东盟九个地区的进口中，2010 年马来西亚所占比例最高为 33.8%，达到 284.2 亿美元，其他依次为泰国 20.3%（170.6 亿美元）、印度尼西亚 19.9%（167.4 亿美元）、菲律宾 10.2%（85.6 亿美元）、新加坡 10%（83.8 亿美元）、越南 4.3%（36.1 亿美元）、其他东南亚地区 1.3%（10.7 亿美元）、老挝 0.3%（2.5 亿美元）、柬埔寨最低为 0.1%（0.6 亿美元）。2011 年马来西亚所占比例最高为 32.6%，其他依次为印度尼西亚 23.6%、泰国 19.2%、菲律宾 9%、新加坡 8.8%、越南 5.3%、其他东南亚地区 1.1%、老挝 0.3%，柬埔寨最低为 0.1%。

中国从东盟各地区的进口结构不同，不同国家和地区对中国的进口增加值贡献度不同。根据提供的数据，2010 年中国从马来西亚、泰国和印度尼西亚进口带来的增加值较高。从其他东南亚地区、老挝和柬埔寨进口带来的增加值较低。2011 年中国从印度尼西亚进口带来的增加值提高较为明显，其他地区的贡献有所降低。中国从马来西亚、印度尼西亚、泰国进口带来的增加值均高于中国进口增加值的平均水平，而从其他地区进口带来的增加值均低于中国进口增加值的平均水平。

第二，2010 年中国从其他东南亚地区进口带来的单位进口增加值最高，2011 年从印度尼西亚进口带来的单位进口增加值最高，这两年从新加坡进口带来的单位进口增加值均最低。2010年从其他东南亚地区单位进口带来的单位进口增加值最高，接着依次为印度尼西亚、柬埔寨、泰国、菲律宾、越南、马来西亚、老挝，新加坡最低。2011年从印度尼西亚进口带来的单位进口增加值最高，接着依次为其他东南亚地区、柬埔寨、泰国、菲律宾、老挝、马来西亚、越南，新加坡最低。与2010年相比，2011年老挝单位进口增加值有所上升，而越南则有所下降。中国从印度尼西亚、柬埔寨、其他东南亚地区进口带来的单位进口增加值均高于中国单位进口增加值的平均水平，而从其他地区进口带来的单位进口增加值均低于中国的平均水平。

第三，中国从东盟地区进口给各个地区带来的增加值和单位进口增加值顺序不完全一致。从增加值总量来看，中国对印度尼西亚、马来西亚、泰国的进口给该地区带来的增加值较高。中国对其他东南亚地区、老挝、柬埔寨的进口给该地区带来的增加值较低。与此同时，进口给东盟各个地区所带来的单位进口增加值中其他东南亚地区、印度尼西亚和柬埔寨较高，马来西亚、老挝、新加坡较低。中国对印度尼西亚地区的进口给印度尼西亚带来的增加值和单位进口增加值都较高。中国对马来西亚的进口给该地区带来的增加值较高，但其单位进口增加值较低。中国对柬埔寨的进口给该地区带来的增加值相对较低，但其单位进口增加值较高。中国对越南的进口给该地区带来的增加值和单位进口增加值都较低。

中国与东盟地区的贸易关系较为密切，不同国家和地区对中国的进口增加值贡献度不同，且进口对增加值的影响因进口结构和单位进口增加值的差异而各异。

表5.5和表5.6给出了各地区增加值较高和较低的几个部门。研究发现：针对东盟全部地区，2010年增加值较高的部门主要包括批发零售业、林业、金属矿采选业、其他电子设备和石油开采业。增加值较低的部门主要包括小麦、毛纺及丝绸、原料乳。针对东盟全部地区，2011年增加值较高的部门包括批发零售业、林业、金属矿采选业、其他电子设备。增加值较低的部门主要包括小麦、毛纺及丝绸、原料乳和植物纤维。小麦、植物纤维、原料乳、毛纺及丝绸、林业属于第一产业，石油开采业、金属矿采选业、其他电子设备属于第二产业，批发零售业属于第三产业。2010年和2011年两年，增加值较高和较低的部门基本保持一致，增加值较高的部门分布于各个产业，增加值较低的基本属于第一产业。

表5.5 2010年东盟各地区进口增加值前五位和后五位

国家（地区）	增加值最大的五个部门				
柬埔寨	林业	服装制造	批发零售业	木制品	纺织品
印度尼西亚	煤炭开采业	金属矿采选业	石油开采业	食物油制品	林业

续表

国家（地区）	增加值最大的五个部门				
老挝	林业	批发零售业	其他金属	金属矿采选业	其他运输业
马来西亚	其他电子设备	批发零售业	石油开采业	化学橡胶塑料制品	油料作物
菲律宾	其他电子设备	批发零售业	金属矿采选业	其他机械设备	其他制造业
新加坡	化学橡胶塑料制品	其他电子设备	其他机械设备	批发零售业	商业相关
泰国	其他电子设备	化学橡胶塑料制品	批发零售业	林业	其他机械设备
越南	煤炭开采业	蔬果	林业	石油开采业	电力供应
其他东南亚地区	石油开采业	林业	蔬果	批发零售业	金属矿采选业

国家（地区）	增加值最小的五个部门				
柬埔寨	小麦	煤炭开采业	石油开采业	天然气开采业	燃气生产与分销
印度尼西亚	糖类	毛纺及丝绸	乳制品	原料乳	小麦
老挝	肉制品	小麦	毛纺及丝绸	原料乳	糖类
马来西亚	牲畜屠宰	原料乳	毛纺及丝绸	糖类	小麦
菲律宾	原料乳	天然气开采业	小麦	其他	毛纺及丝绸
新加坡	植物纤维	小麦	煤炭开采业	其他	毛纺及丝绸
泰国	毛纺及丝绸	乳制品	植物纤维	其他	小麦
越南	原料乳	其他	海上运输业	航空运输业	有色金属
其他东南亚地区	牲畜屠宰	植物纤维	毛纺及丝绸	原料乳	小麦

表5.6　2011年东盟各地区进口增加值前五位和后五位

国家（地区）	增加值最大的五个部门				
柬埔寨	林业	服装制造	批发零售业	纺织品	动物产品制造
印度尼西亚	煤炭开采业	金属矿采选业	林业	食物油制品	石油开采业
老挝	林业	批发零售业	其他金属	金属矿采选业	其他运输业
马来西亚	其他电子设备	批发零售业	石油开采业	化学橡胶塑料制品	油料作物
菲律宾	其他电子设备	金属矿采选业	批发零售业	其他机械设备	蔬果
新加坡	化学橡胶塑料制品	其他电子设备	其他机械设备	批发零售业	商业相关
泰国	其他电子设备	林业	化学橡胶塑料制品	批发零售业	其他机械设备
越南	煤炭开采业	林业	蔬果	石油开采业	电力供应
其他东南亚地区	石油开采业	林业	批发零售业	金属矿采选业	其他制造业

国家（地区）	增加值最小的五个部门				
柬埔寨	小麦	煤炭开采业	天然气开采业	石油开采业	燃气生产与分销
印度尼西亚	植物纤维	毛纺及丝绸	乳制品	原料乳	小麦
老挝	肉制品	小麦	毛纺及丝绸	原料乳	糖类
马来西亚	牲畜屠宰	原料乳	毛纺及丝绸	糖类	小麦

续表

国家（地区）	增加值最大的五个部门				
菲律宾	原料乳	天然气开采业	小麦	其他	毛纺及丝绸
国家（地区）	增加值最小的五个部门				
新加坡	植物纤维	小麦	煤炭开采业	其他	毛纺及丝绸
泰国	毛纺及丝绸	乳制品	植物纤维	其他	小麦
越南	原料乳	其他	海上运输业	航空运输业	有色金属
其他东南亚地区	其他	植物纤维	毛纺及丝绸	原料乳	小麦

从东盟各地区进口给中国带来的增加值中，批发零售业、林业、金属矿采选业和其他电子设备等行业的贡献较大，而小麦、毛纺及丝绸、原料乳等行业的贡献较小。这些数据显示了中国与东盟地区在不同行业间的贸易关系和产业结构。

表 5.7 给出了 2010 年和 2011 年东盟各地区进口增加值最高的五个部门所占比例。中国从东盟各地区的进口中，该地区增加值前五大部门占该地区增加值总额的比例均高于 60%。这表示增加值的分配不平均，每个地区都有其优势部门。2010 年柬埔寨增加值最高的五个部门的增加值总额占到所有部门增加值的 86.12%。尽管在 2011 年略有下降，但该比例基本稳定。增加值的分配不平衡，使得每个地区的前五大部门在增加值总额中占比较高，且这种分配格局在 2011 年大部分地区都保持了稳定或者略有下降。

表 5.7 2010 年和 2011 年东盟各地区进口增加值最高的五个部门所占比例

年份	柬埔寨	印度尼西亚	老挝	马来西亚	菲律宾	新加坡	泰国	越南	其他东南亚地区
2010	86.12%	65.09%	75.17%	65.88%	76.66%	79.90%	68.94%	61.77%	78.44%
2011	82.13%	68.57%	81.91%	65.30%	76.21%	78.27%	69.87%	60.92%	73.07%

3. 中国进口对东盟地区的资本收益和劳动报酬的影响

不同国家增加值分项结构有所不同。为方便研究，本节将固定资产折旧、生产税净额、营业盈余合并为资本收益。增加值分项合并为劳动报酬和资本收益两项。2010 年和 2011 年东盟各地区的增加值分项情况见表 5.8 及图 5.1。总体来看，有以下特点。

表 5.8 2010 年和 2011 年东盟各地区增加值分项结构（单位：万美元）

年份	项目	柬埔寨	印度尼西亚	老挝	马来西亚	菲律宾	新加坡	泰国	越南	其他东南亚地区
2010	劳动报酬	5 553	1 252 600	19 267	2 353 400	724 390	677 540	1 428 500	244 410	74 782
	资本收益	924	421 479	5 452	488 578	131 272	160 438	277 522	116 869	32 354

续表

年份	项目	柬埔寨	印度尼西亚	老挝	马来西亚	菲律宾	新加坡	泰国	越南	其他东南亚地区
2011	劳动报酬	10 488	1 916 700	30 106	2 935 400	822 450	773 940	1 738 600	390 330	87 590
	资本收益	1 723	645 387	7 762	604 865	154 419	183 570	341 668	182 119	32 945

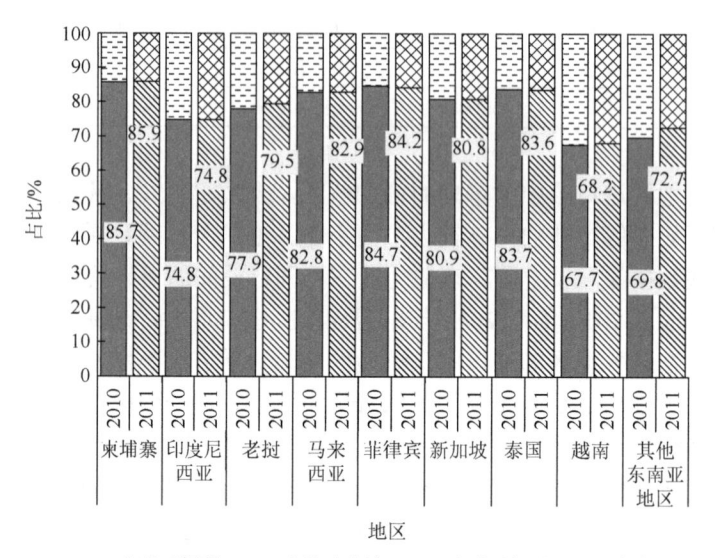

图 5.1　2010 年和 2011 年东盟各地区增加值分项变化

第一，劳动报酬是主要构成部分：东盟所有地区的增加值主要体现为劳动报酬，即劳动者的工资和福利。

第二，中国对东盟各地区增加值的贡献：中国对东盟各地区的进口中，马来西亚在劳动报酬和资本收益两个方面均获得最多的贡献，而柬埔寨的贡献则最少。

第三，劳动报酬占比的变化：部分东盟地区（如柬埔寨、老挝、马来西亚、越南和其他东南亚地区）的劳动报酬占增加值的比例在 2011 年相较于 2010 年有所增加。部分东盟地区（如菲律宾、新加坡、泰国）的劳动报酬占比在 2011 年相较于 2010 年有所减少。印度尼西亚的劳动报酬占比在 2011 年与 2010 年持平。

5.3　本章小结

本章基于全球价值链的视角，借助于中国投入产出表与第 4 章构建的东盟地区投入产出表，从国家（地区）整体及细分部门层面测算了中国与东盟地区的贸易增加值情况。主要得到以下几点结论。第一，2010 年和 2011 年中国从马来西亚进口带来的增加值最高，从柬埔寨进口带来的增加值最低。第二，2010年中国从其他东南亚国家进口带来的单位进口增加值最高，2011年从印度尼西亚进口带来的单位进口增加值最高，这两年从新加坡进口带来的单位进口增加值均最低。第三，中国从东盟地区进口给各个地区带来的增加值和单位进口增加值顺序不完全一致。第四，东盟地区增加值主要体现为劳动者的工资和福利。其中，在中国对东盟各地区的进口中，马来西亚在劳动报酬和资本收益两个方面均获得最多的贡献，而柬埔寨的贡献则最少。

第6章　CAFTA 背景下中国产业优化策略

经济全球化加速了全球产业分工，加速推动了各国之间的经济融合和贸易增长。在全球价值链的视角下，产业升级成为各国提高核心竞争力和把握全球化趋势的关键所在。CAFTA 是中国同其他国家建设的第一个自贸区，其建立后双方的贸易快速增长，经济融合日益加深，经贸合作也在不断深化，双边贸易实现了跨越式发展。合理配置区域内生产要素可以促进成员国的贸易发展，最大化发挥国际分工合作对经济发展的作用，推动区域内成员国实现共赢。本章通过分析中国与东盟地区的产业发展情况，旨在从增加值角度为中国产业升级和优化提供有价值的信息，以实现经济的可持续增长和更高水平的国际竞争力。

6.1　中国产业关联程度分析

6.1.1　产业关联测度方法

产业关联是国民经济的各个部门在社会再生产过程中所建立的经济联系，包括直接的联系和间接的联系。各个部门之间的联系错综复杂，一个部门的变动不仅会对该部门产生影响，还会影响其他部门。投入产出技术是研究这种关联关系最为常用的工具。产业关联程度的测算主要采用感应度系数和影响力系数。

后向联系指的是生产部门及其供给部门间的联系及依存关系；前向联系是指生产部门与其使用或消耗部门之间的联系和依存关系。

影响力系数计算公式：

$$\delta_j = \frac{\frac{1}{n}\sum_{i=1}^{n}\tilde{b}_{ij}}{\frac{1}{n^2}\sum_{j=1}^{n}\sum_{i=1}^{n}\tilde{b}_{ij}}, \quad j=1,2,\cdots,n \qquad (6.1)$$

δ_j 反映了第 j 部门增加一个单位最终需求对国民经济各部门的需求波及程度。当 $\delta_j = 1$ 时，表示第 j 部门对社会的拉动作用达到了各部门的平均水平；当 $\delta_j < 1$ 时，表示第 j 部门对社会的拉动作用低于各部门的平均水平；当 $\delta_j > 1$ 时，表示第 j 部门对社会的拉动作用高于各部门的平均水平，拉动作用较强。

影响力系数的经济含义：某部门的最终需求变动的时候需要其上游部门为满足其需求的产品的变化量。

感应度系数计算公式：

$$\theta_i = \frac{\frac{1}{n}\sum_{j=1}^{n}\tilde{g}_{ij}}{\frac{1}{n^2}\sum_{i=1}^{n}\sum_{j=1}^{n}\tilde{g}_{ij}}, \quad i=1,2,\cdots,n \tag{6.2}$$

θ_i 反映了第 i 部门增加单位增加值对各部门产出的推动程度。当 $\theta_i = 1$ 时，表示第 i 部门对社会各部门的推动作用达到了各部门的平均水平；当 $\theta_i < 1$ 时，表示第 i 部门对社会各部门的推动作用低于各部门的平均水平；当 $\theta_i > 1$ 时，表示第 i 部门对社会各部门的推动作用高于各部门的平均水平，推动作用较强。

感应度系数的经济含义：某部门的下游需求变动的时候，该部门的生产需要变动多少。

感应度系数较大的产业在国民经济中处于基础地位，在探讨产业依存关系的时候大都以这种产业作为上游产业。

对感应度系数和影响力系数进行测算，可以分析产业之间的依存关系和推动关系，有助于理解产业的相互影响及产业升级和优化的方向。这些测度方法为制定产业政策和优化资源配置提供了重要依据。

6.1.2 中国产业关联实证分析

表 6.1 展示了基于 2007 年中国 77 个部门投入产出表计算得出的部门影响力系数和感应度系数。这些系数可以帮助我们了解各个部门在经济中的作用和相互依存关系。

表 6.1 77 部门影响力系数和感应度系数结果

部门	影响力系数	感应度系数	部门	影响力系数	感应度系数
农产品	0.7286	1.6732	原油和天然气	1.0734	1.5839
畜产品	0.9348	1.6468	肉制品	0.8624	1.5849
农林牧渔服务	0.8122	1.7001	乳制品	1.0657	1.5363
林产品	1.0338	1.6424	谷物磨制	0.9846	1.5755
渔产品	0.9525	1.5847	精制糖	1.1255	1.5408
金属矿	1.1021	1.6193	植物油脂	0.5564	1.5448
非金属矿物	1.1373	1.5916	调味料	1.1349	1.5031
煤炭	1.1758	1.5839	方便食品	1.1158	1.5277

续表

部门	影响力系数	感应度系数	部门	影响力系数	感应度系数
酒类	1.0616	1.5434	船舶	0.9263	0.8878
其他饮料食品	1.0539	1.5062	铁道车辆	0.7457	0.8247
饲料	1.1252	1.4937	其他运输设备	0.9472	0.8239
烟草	1.2357	1.4807	文化办公用机械设备	0.9473	0.8172
纺织及服装制品	1.1635	1.4807	仪器仪表	1.0318	0.7874
木材和木制品	1.1395	1.4463	文教体育用品	1.2089	0.7446
家具和安装品	0.8865	1.4178	工艺品及其他制品	0.7469	0.7469
纸、印刷和记录媒介复制	1.1442	1.2783	再生资源回收、加工处理	1.1975	0.7392
肥料	1.1015	1.3177	建筑	1.2088	0.7325
其他化学制品	0.9019	1.2858	电力和热力供应	1.1627	0.6776
塑料和橡胶制品	0.9769	1.1628	燃气	1.2167	0.6391
合成树脂和合成橡胶	0.9625	1.2551	水	1.1242	0.6314
化学纤维	1.2551	1.2397	批发零售	1.1011	0.6314
涂料和油墨	0.9109	1.2332	金融	1.0087	0.5467
农药	0.6499	1.2232	房地产	0.8208	0.5467
石油精炼和核燃料	1.0338	1.2233	运输	0.9317	0.5313
焦炭及副产品	0.7556	1.2512	旅游	1.1545	0.4697
毛皮和皮革制品	0.9953	1.1596	租赁	1.1781	0.4543
非金属矿物制品	1.1252	1.0935	商务服务	0.5678	0.4358
钢铁	1.0526	1.0597	邮政	1.1474	0.4181
有色金属	1.0021	1.0178	电信及其他信息传输	0.9163	0.4204
金属制品	1.1356	1.0364	计算机服务和软件	1.0934	0.3850
通用专用设备	0.7161	1.0087	公共管理及其他公共服务	1.3341	0.3234
家用电子设备和通信设备	0.9039	1.0301	教育	0.7492	0.2341
家用电力及非电力器具	0.7941	0.9836	科学研究及科技交流推广	0.8654	0.1868
电子元器件	1.0364	0.9602	卫生、社会保障和福利	1.155	0.1637
非家用电气机械及器材	0.7479	0.9571	文化、体育和娱乐	1.1098	0.1627
电子计算机及附件	1.1714	0.9794	餐饮	0.8152	0.1717
汽车	0.8634	0.9394	住宿	0.8547	0.0777
汽车零部件	1.2432	0.9524	居民服务和其他服务	1.2432	0.0543

根据影响力系数排名，中国金属制品、汽车零部件、纺织及服装制品等行业对国民经济的发展具有较强的拉动作用。这些行业在中国经济增长中扮演着重要角色，体现了中国作为全球制造业中心的地位。影响力系数排名靠前的行业大多数属于制造业范畴。这表明制造业仍是当前我国经济增长的重要引擎，符合"世界工厂"这一概念。此外，值得注意的是，大多数影响力系数大于1的产业属于出口型产业。这意味着一旦遭遇贸易保护等外部冲击，这些产业将会受到较大的影响。这表明中国国民经济的发展在一定程度上受到外部冲击的影响，系统性风险相对较高。

根据感应度系数排名，农林牧渔服务，煤炭，原油和天然气，纸、印刷和记录媒介复制等行业的增加值对其他部门的产出推动程度较大。这说明当前中国的产业结构仍然相对粗放，对能源的依赖程度较高。

6.2 东盟地区产业关联情况分析

采用第4章中提到的感应度系数和影响力系数测算产业关联程度。利用编制得到的东盟地区的投入产出表计算其影响力系数和感应度系数。

影响力系数可以捕捉一个产业在生产、产值、技术等方面的变化引起的它后向关联部门在这些方面的变化。

感应度系数反映国内各部门增加1单位需求时，该部门的需求感应程度。

本节以泰国和柬埔寨为例，表6.2和表6.3分别为泰国和柬埔寨各行业的影响力系数和感应度系数的计算结果。泰国影响力系数排名前五位的行业依次是渔业、煤炭开采业、石油开采业、天然气开采业和食物油制品，均属于第一产业和第二产业，且主要是资源密集型产业。对泰国而言，农业和工业还是泰国经济增长的重要因素，且从数值来看产业之间的差距比较小。泰国感应度系数排名前五位的产业依次是水稻、小麦、其他谷物、甘蔗类、油料作物和蔬果（油料作物和蔬果并列第五位），均集中在第一产业。柬埔寨影响力系数排名前五位的产业依次是天然气开采业、批发零售业、石油开采业、蔬果和渔业，这些后向关联产业对国民经济具有很强的拉动作用。柬埔寨感应度系数排名前五位的产业依次是林业、金属矿采选业、其他粮食作物、石油开采业和甘蔗类。综合来看，拉动东盟地区国民经济发展的产业主要集中于资源型产业，而拉动我国经济发展的产业主要集中在劳动密集型的制造业。我国和东盟地区竞争性和互补性共存。竞争性主要体现在拉动我国和东盟经济发展的主要部门产业均处于全球价值链的低附加值部分。互补性主要体现在拉动东盟各国国民经济发展的支柱产业和我国的支柱产业存在较大的差异，理论上讲，我国和东盟各国可以协同发展，当然也会受到许多其他因素的影响,如供应链、市场需求、技术发展等。但总体上 CAFTA 的建立为我国产业结构升级提供了条件。

表 6.2　泰国 57 部门（GTAP 部门）的影响力系数和感应度系数

部门	影响力系数	感应度系数	部门	影响力系数	感应度系数
水稻	0.7966	1.6632	木制品	1.1242	1.1396
小麦	0.9548	1.6478	出版纸制品	1.0626	1.0934
其他谷物	0.8562	1.6016	石油制品	1.0010	1.0857
蔬果	1.0318	1.5939	化学橡胶塑料制品	1.1396	1.0780
油料作物	0.9625	1.5939	矿物制品	1.2320	0.2541
甘蔗类	1.1011	1.5939	有色金属	0.9163	0.1848
植物纤维	1.1473	1.5862	其他金属	0.7700	0.1617
其他粮食作物	1.1858	1.5785	金属制品	0.9651	0.9856
牛羊马	0.9856	1.5708	汽车零部件	0.9471	0.9702
动物产品制造	1.1550	1.0934	交通运输设备制造	1.0318	0.9471
原料乳	0.5544	0.8624	其他电子设备	1.2089	0.9394
毛纺及丝绸	1.1319	1.0857	其他机械设备	0.7469	0.9394
林业	1.1858	1.5400	其他制造业	1.1935	0.6794
渔业	1.6401	1.5092	电力供应	1.2089	0.8778
煤炭开采业	1.6324	1.4938	燃气生产与分销	1.1627	0.8470
石油开采业	1.6247	1.4707	水力供应	1.2166	0.8239
天然气开采业	1.6093	1.4707	建筑业	1.1242	0.8162
金属矿采选业	0.9009	1.4630	批发零售业	1.1011	0.7854
牲畜屠宰	0.9779	1.2468	其他运输业	1.0087	0.7546
肉制品	0.9625	1.3783	海上运输业	0.8008	0.6314
食物油制品	1.2551	1.3167	航空运输业	0.9317	0.4697
乳制品	0.9009	1.2859	邮电业	1.1550	0.4543
大米	0.7389	1.3242	金融服务业	1.1781	0.6776
糖类	1.0318	1.2397	保险业	0.5698	0.6391
食品制造	0.7546	1.1935	商业相关	1.1473	0.5639
饮料及烟草制造	0.9393	1.1396	文娱产业	0.9163	0.4627
服装制造	0.7161	0.8899	公共管理业	1.1088	0.3379
纺织品	0.9009	1.1242	其他	0.8999	0.4158
皮革	0.7931	1.1011			

表 6.3　柬埔寨 57 部门（GTAP 部门）的影响力系数和感应度系数

部门	影响力系数	感应度系数	部门	影响力系数	感应度系数
水稻	0.8366	1.2832	木制品	1.1442	1.1596
小麦	0.8648	1.2678	出版纸制品	1.0426	1.0914
其他谷物	0.8962	1.4516	石油制品	1.0051	1.0457
蔬果	1.4318	0.9887	化学橡胶塑料制品	1.1396	1.0478
油料作物	0.9825	1.2339	矿物制品	1.1320	0.2541
甘蔗类	1.1211	1.4939	有色金属	0.4163	0.5848
植物纤维	1.2473	1.4862	其他金属	0.7700	0.5617
其他粮食作物	1.1858	1.5785	金属制品	0.9651	0.9856
牛羊马	1.0856	1.2708	汽车零部件	0.9671	1.0702
动物产品制造	1.1525	1.0334	交通运输设备制造	1.0318	1.0471
原料乳	0.5554	0.9924	其他电子设备	1.2089	0.9894
毛纺及丝绸	1.0319	1.0857	其他机械设备	0.7469	0.9594
林业	1.0858	1.8884	其他制造业	1.1435	0.6794
渔业	1.3761	1.4092	电力供应	1.1089	0.8978
煤炭开采业	0.8624	1.4678	燃气生产与分销	1.1727	0.8547
石油开采业	1.4647	1.5607	水力供应	1.2166	1.3539
天然气开采业	1.6573	0.9707	建筑业	1.1042	0.8662
金属矿采选业	1.1009	1.8030	批发零售业	1.5411	0.9854
牲畜屠宰	1.0779	1.0468	其他运输业	0.9088	0.9846
肉制品	1.1425	0.9783	海上运输业	0.9008	0.5814
食物油制品	0.9551	1.0167	航空运输业	0.9317	0.4697
乳制品	1.0009	1.2859	邮电业	1.1550	0.4543
大米	0.7389	1.3842	金融服务业	1.1785	0.6776
糖类	1.0418	1.2697	保险业	0.5786	0.6391
食品制造	0.6846	1.1835	商业相关	1.1433	0.7639
饮料及烟草制造	0.8933	1.1196	文娱产业	0.9763	0.5457
服装制造	0.7161	0.8999	公共管理业	1.0588	0.3579
纺织品	0.9409	1.0242	其他	0.9759	0.8968
皮革	0.7031	1.0051			

在第 2 章对 CAFTA 成立后中国和东盟地区贸易情况的分析中，CAFTA 的建立已经蕴含了中国产业结构的升级特征。CAFTA 建立后动植物、矿物燃料及纺织品等劳动密集型产业出口增速有所放缓，与此同时高技术制造业产品仍维持在较高增速，表明 CAFTA 的建立促进了我国产业结构的升级。在中国对东盟总贸易逆差不断变小，逐步转为贸易顺差的过程中，中国从东盟地区进口的原料类产品份额不断增加。皮革制品等劳动密集型产品，机械设备、运输设备、化学品等资本和技术密集型产品在 CAFTA 建立后净进口额持续扩大。这些蕴含了我国产业结构升级的现实。

6.3　中国地区间产业结构分析

我国国土辽阔，人口众多，不同地区具有不同的资源优势和产业特点。为实现区域协调发展和产业优势互补，需要先摸清中国八大区域之间的产业关系，分析中国八大区域与东盟九个区域①在产业链中的位置和角色，发掘潜在的合作机会，探索区域协调发展的产业升级之路。

6.3.1　研究方法

1. 天际图简介

为了分析经济发展与产业结构、贸易结构的关系，里昂惕夫于 1963 年开发了天际图分析。它通过直观的图形展示，反映了某地区的产业结构和贸易结构，以及各个部门之间的相互关系。天际图是用于分析地区产业结构变动和多个地区之间的产业比较的强大工具。天际图的基本表达式为

$$X = AX + F$$

$$X = (I-A)^{-1}F = (I-A)^{-1}(C+I+E-M) = X_D + X_E - X_M \tag{6.3}$$

对第 i 个部门而言，

$$\frac{X_i}{X_i^D} = 1 + \frac{X_i^E}{X_i^D} - \frac{X_i^M}{X_i^D} \tag{6.4}$$

其中，X 表示总产出向量；F 表示最终需求；C 表示国内最终消费需求向量；I 表

---

① 东盟九个区域是将东盟十国中的文莱和缅甸合并成其他东南亚地区，九个区域为柬埔寨、印度尼西亚、老挝、马来西亚、菲律宾、新加坡、泰国、越南和其他东南亚地区。

示国内最终投资需求向量；E 表示出口需求向量；M 表示进口需求向量；X^D 表示满足需求的产出；X^E 表示满足出口需求的产出；X^M 表示满足进口需求的产出。

通过求解线性方程组 $(I - A)X = F$，可以计算出各个部门的总产出向量 X。然后，根据总产出向量中的国内最终消费需求向量 C、国内最终投资需求向量 I、出口需求向量 E 和进口需求向量 M，可以计算出各个部门的国内需求向量、出口向量和进口向量。通过比较各个部门的国内需求向量与总产出向量的比例，分析该部门的自足程度和依存程度。当该比例大于 1 时，表示该部门的产出足以满足国内需求，自足程度较高；当该比例小于 1 时，表示该部门对外部需求依存程度较高。

天际图的使用可以帮助分析地区的产业结构变动、产业比较和贸易结构，从而为制定产业政策和贸易政策提供参考和支持。它提供了一种直观、简洁的方式来展示和理解地区经济的复杂关系，并有助于发现产业间的相互依存关系和潜在的合作机会。

2. 扩展的天际图简介

传统的天际图分析中，各部门自给率是根据各部门的生产能力是否能够满足国内最终需求所诱发的产出额来衡量的。但这种方法只考虑了一个区域，未能分析区域之间的经济联系，如图 6.1 所示。

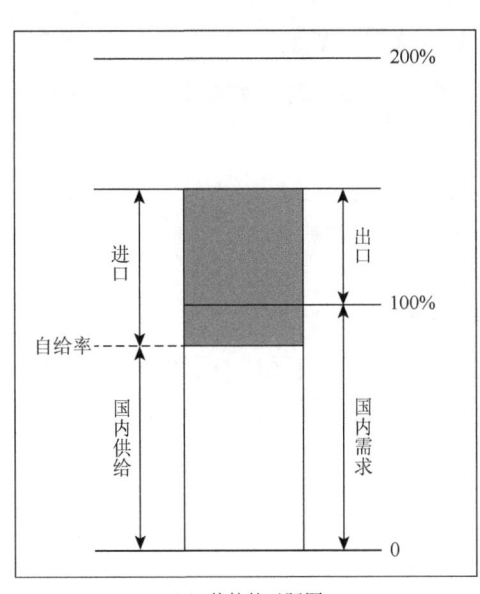

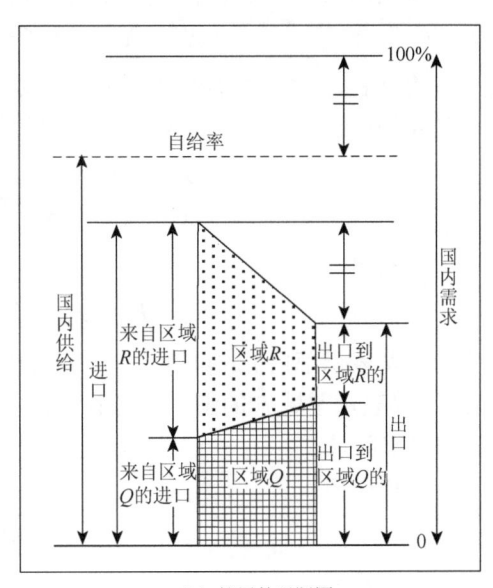

（a）传统的天际图　　（b）扩展的天际图

图 6.1　传统的天际图和扩展的天际图图示

图 6.1（a）是传统的天际图。在传统的天际图分析中，通常只考虑一个区域与其他各个区域总体的经济联系，而没有具体分析该区域与每个单独区域之间的联系。这种方法可能无法充分揭示各个区域之间的具体经济联系和相互依存程度。为了解决这一问题，图 6.1（b）的扩展的天际图提供了更全面的分析。它能够具体分析该区域与每一个单独区域之间的经济联系，从而更准确地反映各个区域之间的经济联系和相互依存程度。这种扩展的天际图方法能够提供更细致和全面的分析结果，帮助理解每个区域与其他区域之间的经济联系，从而为区域间的协调发展和合作提供更准确的参考。

假设存在三个区域，分别为区域 P, Q, R，那么

$$X^P = B^P \left(f_d^P + f_e^{PQ} + f_e^{PR} - f_m^{QP} - f_m^{RP} \right) \tag{6.5}$$

公式（6.5）表示区域 P 的总产出向量 X^P 等于区域 P 的总需求向量 B^P 乘以相关系数（总需求中包括国内最终消费需求、来自区域 Q 的出口需求和来自区域 R 的出口需求减去对区域 Q 和区域 R 的进口需求）。

$$X^P = X_d^P + X_e^{PQ} + X_e^{PR} - X_m^{QP} - X_m^{RP} \tag{6.6}$$

公式（6.6）表示区域 P 的总产出向量 X^P 等于区域 P 的国内最终消费需求向量 X_d^P 加上来自区域 Q 的出口需求向量 X_e^{PQ}、来自区域 R 的出口需求向量 X_e^{PR}，减去对区域 Q 和区域 R 的进口需求向量 X_m^{QP} 和 X_m^{RP}。

根据总供给 = 总需求，得到公式（6.7）：

$$X^P + X_m^{QP} + X_m^{RP} = X_d^P + X_e^{PQ} + X_e^{PR} \tag{6.7}$$

将公式（6.7）左右两边同时除以 X_d^P，得到各部门的比例关系，表示每个部门相对于区域 P 的国内最终消费需求的比例，即

$$\frac{x_i^P}{x_{di}^P} + \frac{x_{mi}^{QP}}{x_{di}^P} + \frac{x_{mi}^{RP}}{x_{di}^P} = \frac{x_{di}^P}{x_{di}^P} + \frac{x_{ei}^{PQ}}{x_{di}^P} + \frac{x_{ei}^{PR}}{x_{di}^P} \tag{6.8}$$

自给率：

$$h_i + m_i^Q + m_i^R = l + e_i^Q + e_i^R \tag{6.9}$$

其中，h_i 表示部门 i 的自给率；m_i^Q 和 m_i^R 表示部门 i 来自区域 Q 和区域 R 的进口需求；l 表示区域 P 的国内最终消费需求；e_i^Q 和 e_i^R 表示部门 i 来自区域 Q 和区域 R 的出口需求。

进口比率：

$$m_i = m_i^Q + m_i^R \tag{6.10}$$

出口比率：

$$e_i = e_i^Q + e_i^R \tag{6.11}$$

其中，m_i 表示部门 i 的进口比率；m_i^Q 和 m_i^R 表示部门 i 来自区域 Q 和区域 R 的进口需求。e_i 表示部门 i 的出口比率；e_i^Q 和 e_i^R 表示部门 i 来自区域 Q 和区域 R 的出口需求。

$$d_i = \frac{x_{di}^P}{\sum_{i=1}^{n} x_{di}^P}, \quad s_i = \frac{x_i^P}{\sum_{i=1}^{n} x_{di}^P} \tag{6.12}$$

公式（6.12）表示部门 i 的相对产值比例，其中，d_i 表示部门 i 的相对国内最终消费需求；s_i 表示部门 i 的相对产值比例；x_{di}^P 表示区域 P 的第 i 个部门的国内最终消费需求；$\sum_{i=1}^{n} x_{di}^P$ 表示区域 P 所有部门的国内最终消费需求总和。若出口比率＞进口比率，则 $h_i > 1$，调出出口诱发的相对产值较大。若出口比率＜进口比率，则 $h_i < 1$，该部门对于外部同类部门有较大的拉动作用。

在公式（6.9）～公式（6.12）中，可以根据具体的区域和部门数据进行计算，以分析各个部门的自给率、进口比率、出口比率和相对产值比例等指标，从而更好地理解区域间的经济联系和相互依存程度。

6.3.2 实证分析

1. 数据来源及说明

本节数据来自国家信息中心编制的 2007 年中国区域间投入产出表。该表涵盖了中国的八个区域和八个部门以及外国部门的数据。八个区域包括东北地区、京津地区、北部沿海地区、东部沿海地区、南部沿海地区、中部地区、西北地区和西南地区（区域顺序依次为区域 1～8），外国部门为区域 9。八个部门包括农业，采选业，轻工业，重工业，电力、蒸气、热水、煤气及自来水的生产和供应业（简称为公用事业），建筑业，商业、运输业，以及其他服务业（部门顺序依次为部门 1～8）。

2. 实证结果分析

1）自给率分析

表 6.4 展示了八大区域各部门的自给率的测算结果。

表 6.4 八大区域八个部门的自给率情况

自给率	东北地区	京津地区	北部沿海地区	东部沿海地区	南部沿海地区	中部地区	西北地区	西南地区
农业	1.279	1.686	1.513	1.498	1.461	1.379	3.044	2.637
采选业	2.445	4.729	1.295	1.100	2.269	1.681	4.566	**0.394**
轻工业	1.245	2.509	1.904	2.331	2.403	1.498	2.223	1.516

续表

自给率	东北地区	京津地区	北部沿海地区	东部沿海地区	南部沿海地区	中部地区	西北地区	西南地区
重工业	*1.745*	2.682	*1.484*	*1.583*	3.491	*1.651*	*1.227*	**0.708**
公用事业	*1.634*	*1.183*	*1.005*	**0.922**	*1.103*	*1.231*	4.079	5.171
建筑业	1.531	*1.221*	*1.118*	*1.159*	*1.111*	*1.207*	1.944	1.524
商业、运输业	*1.579*	*1.862*	*1.689*	*1.300*	*1.668*	*1.290*	2.362	3.545
其他服务业	*1.223*	1.879	*1.191*	*1.084*	*1.211*	*1.179*	1.900	1.643

注：加粗数字代表数值小于1，斜体数字代表该区域的自给率数值低于该部门总体的平均值

农业自给率从高到低依次为：西北地区、西南地区、京津地区、北部沿海地区、东部沿海地区、南部沿海地区、中部地区、东北地区。西北地区和西南地区的农业自给率高于平均值，而其他地区的农业自给率低于平均值。

采选业自给率从高到低依次为：京津地区、西北地区、东北地区、南部沿海地区、中部地区、北部沿海地区、东部沿海地区、西南地区。京津地区、西北地区和东北地区的采选业自给率高于平均值，其他地区的采选业自给率低于平均值。

轻工业自给率从高到低依次为：京津地区、南部沿海地区、东部沿海地区、西北地区、北部沿海地区、西南地区、中部地区、东北地区。京津地区、南部沿海地区、东部沿海地区和西北地区的轻工业自给率高于平均值，其他地区的轻工业自给率低于平均值。

重工业自给率从高到低依次为：南部沿海地区、京津地区、东北地区、中部地区、东部沿海地区、北部沿海地区、西北地区、西南地区。南部沿海地区和京津地区的重工业自给率高于平均值，其他地区的重工业自给率低于平均值。

公用事业自给率从高到低依次为：西南地区、西北地区、东北地区、中部地区、京津地区、南部沿海地区、北部沿海地区、东部沿海地区。西南地区和西北地区的公用事业自给率高于平均值，其他地区的公用事业自给率低于平均值。

建筑业自给率从高到低依次为：西北地区、东北地区、西南地区、京津地区、中部地区、东部沿海地区、北部沿海地区、南部沿海地区。西北地区、东北地区和西南地区的建筑业自给率高于平均值，其他地区的建筑业自给率低于平均值。

商业、运输业自给率从高到低依次为：西南地区、西北地区、京津地区、北部沿海地区、南部沿海地区、东北地区、东部沿海地区、中部地区。西南地区和西北地区的商业、运输业自给率高于平均值，其他地区的商业、运输业自给率低于平均值。

其他服务业自给率从高到低依次为：西北地区、京津地区、西南地区、东北地区、南部沿海地区、北部沿海地区、中部地区、东部沿海地区。西北地区、京津地区和西南地区的其他服务业自给率高于平均值，其他地区的其他服务业自给率低于平均值。

表6.5展示了八大产业区域的优势地区情况。

表6.5　八大产业区域优势

排名	农业	采选业	轻工业	重工业	公用事业	建筑业	商业、运输业	其他服务业
1	西北地区	京津地区	京津地区	南部沿海地区	西南地区	西北地区	西南地区	西北地区
2	西南地区	西北地区	南部沿海地区	京津地区	西北地区	东北地区	西北地区	京津地区
3	京津地区	**东北地区**	东部沿海地区	东北地区	东北地区	西南地区	京津地区	**西南地区**
4	北部沿海地区	南部沿海地区	西北地区	中部地区	中部地区	京津地区	北部沿海地区	东北地区
5	东部沿海地区	中部地区	北部沿海地区	东部沿海地区	京津地区	中部地区	南部沿海地区	南部沿海地区
6	南部沿海地区	北部沿海地区	西南地区	北部沿海地区	南部沿海地区	东北地区	东北地区	北部沿海地区
7	中部地区	东部沿海地区	中部地区	西北地区	北部沿海地区	北部沿海地区	东北地区	中部地区
8	东北地区	西南地区	东北地区	西南地区	东部沿海地区	南部沿海地区	中部地区	东部沿海地区

注：加粗的代表该部门产业中该区域自给率高于该部门产业的均值水平

分区域看，东北地区采选业、建筑业的自给率高于均值，可以向外供给采选业和建筑业产品。京津地区采选业、轻工业、重工业、其他服务业自给率高于均值，可以向外供给采选业、轻工业、重工业、其他服务业产品。北部沿海地区所有产业自给率都低于均值，无能力向外供给。东部沿海地区轻工业自给率高于均值，可以向外供给轻工业产品。南部沿海地区轻工业和重工业自给率高于均值，可以向外供给轻工业和重工业产品。中部地区所有产业自给率都低于均值，无能力向外供给。西北地区除重工业之外的七个产业的自给率均高于均值，这七个产业产品均可以向外供给。西南地区农业，公用事业，建筑业，商业、运输业，其他服务业自给率高于均值，可以向外供给农业，公用事业，建筑业，商业、运输业和其他服务业的产品。

根据表 6.6 的区域产业优势排名，以下是自给率高于均值的八大产业在各个区域的优势情况。

表 6.6 八大区域产业优势

排名	东北地区	京津地区	北部沿海地区	东部沿海地区	南部沿海地区	中部地区	西北地区	西南地区
1	**采选业**	**采选业**	轻工业	**轻工业**	**重工业**	采选业	**采选业**	公用事业
2	**重工业**	**重工业**	商业、运输业	重工业	**轻工业**	重工业	**公用事业**	商业、运输业
3	公用事业	**轻工业**	农业	农业	采选业	轻工业	**农业**	农业
4	商业、运输业	**其他服务业**	重工业	商业、运输业	商业、运输业	农业	**商业、运输业**	其他服务业
5	**建筑业**	商业、运输业	采选业	建筑业	农业	商业、运输业	**轻工业**	建筑业
6	农业	农业	其他服务业	采选业	其他服务业	公用事业	**建筑业**	轻工业
7	轻工业	建筑业	建筑业	其他服务业	建筑业	建筑业	**其他服务业**	重工业
8	其他服务业	公用事业	公用事业	公用事业	公用事业	其他服务业	重工业	采选业

注：加粗的代表该地区该产业自给率高于该地区自给率均值

东北地区的产业优势为采选业和建筑业。

京津地区的产业优势为采选业、重工业、轻工业和其他服务业。

北部沿海地区没有明显的产业优势。

东部沿海地区的产业优势为轻工业。

南部沿海地区的产业优势为重工业和轻工业。

中部地区没有明显的产业优势。

西北地区的产业优势为采选业，公用事业，农业，商业、运输业，轻工业，建筑业和其他服务业。

西南地区的产业优势为公用事业，商业、运输业，农业，其他服务业和建筑业。

2）进出口比率分析

A. 八大区域情况分析

a）东北地区

根据图 6.2 的扩展天际图结果和表 6.7、表 6.8 的进出口比率数据，可以了解东北地区各部门的进出口基本情况。

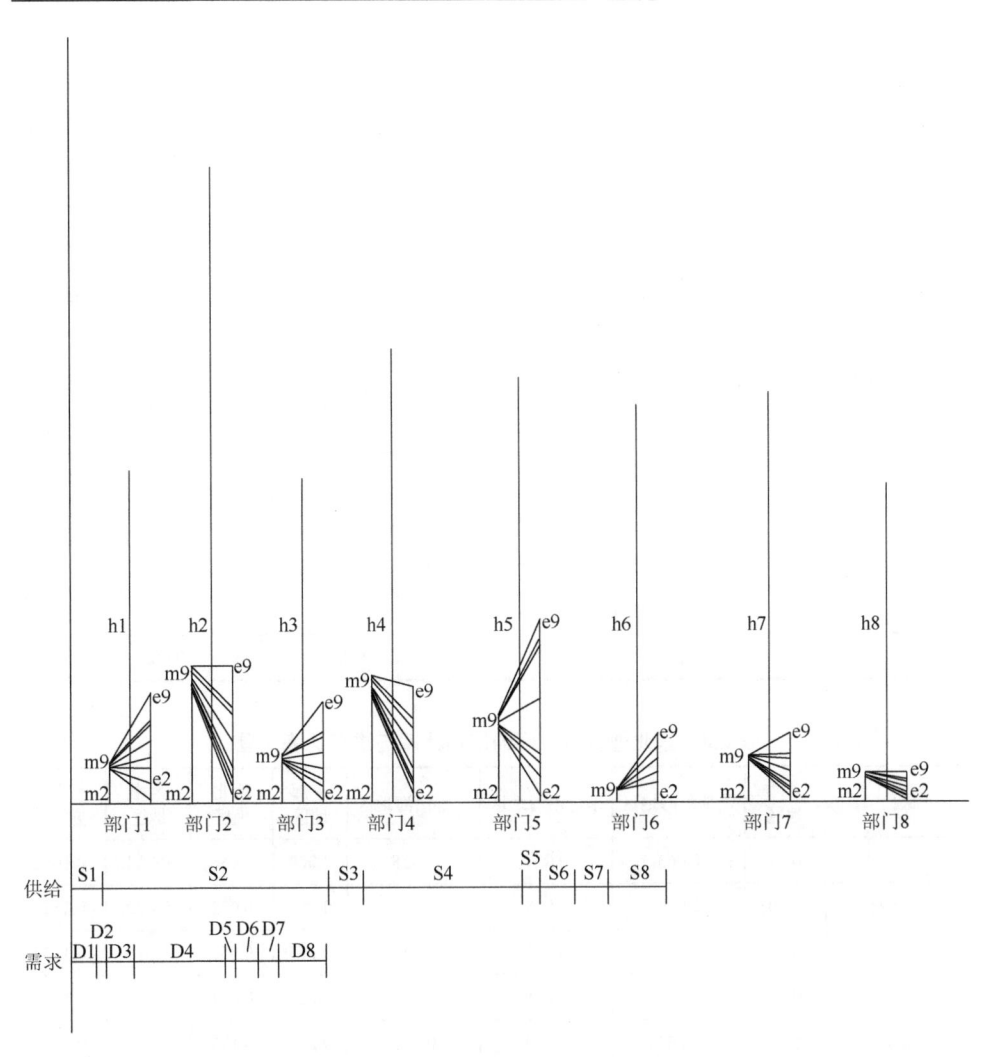

第6章 CAFTA背景下中国产业优化策略

图 6.2 东北地区扩展天际图结果

S 为供给；D 为需求；e 为出口；m 为进口；h 为自给率

表 6.7 东北地区各部门的进出口比率

部门	e2	e3	e4	e5	e6	e7	e8	e9
农业	0.013	0.066	0.059	0.041	0.064	0.064	0.017	0.103
采选业	0.034	0.041	0.023	0.044	0.098	0.098	0.032	0.162
轻工业	0.013	0.051	0.031	0.036	0.062	0.062	0.019	0.117
重工业	0.033	0.036	0.019	0.047	0.078	0.078	0.032	0.124
公用事业	0.027	0.075	0.050	0.038	0.209	0.209	0.026	0.071

续表

部门	e2	e3	e4	e5	e6	e7	e8	e9
建筑业	0.077	0.038	0.000	0.003	0.048	0.048	0.050	0.002
商业、运输业	0.023	0.025	0.011	0.019	0.044	0.044	0.021	0.079
其他服务业	0.009	0.012	0.006	0.010	0.021	0.021	0.009	0.027
部门	m2	m3	m4	m5	m6	m7	m8	m9
农业	0.131	0.003	0.005	0.003	0.004	0.008	0.003	0.003
采选业	0.435	0.010	0.015	0.009	0.013	0.026	0.010	0.011
轻工业	0.155	0.004	0.005	0.003	0.009	0.009	0.003	0.004
重工业	0.406	0.009	0.014	0.009	0.012	0.024	0.009	0.010
公用事业	0.279	0.006	0.010	0.006	0.008	0.016	0.006	0.007
建筑业	0.044	0.001	0.002	0.001	0.001	0.003	0.001	0.001
商业、运输业	0.158	0.004	0.006	0.003	0.005	0.009	0.004	0.004
其他服务业	0.094	0.002	0.003	0.002	0.003	0.006	0.002	0.002

表 6.8 东北地区各部门的出口比率与进口比率之差

部门	京津地区	北部沿海地区	东部沿海地区	南部沿海地区	中部地区	西北地区	西南地区	外国部门
农业	−0.118	0.063	0.054	0.038	0.060	0.056	0.014	0.100
采选业	−0.401	0.031	0.008	0.035	0.085	0.072	0.022	0.151
轻工业	−0.142	0.047	0.026	0.033	0.057	0.053	0.016	0.113
重工业	−0.373	0.027	0.005	0.038	0.066	0.054	0.023	0.114
公用事业	−0.252	0.069	0.040	0.032	0.201	0.193	0.020	0.064
建筑业	0.033	0.037	−0.002	0.002	0.047	0.045	0.049	0.001
商业、运输业	−0.135	0.021	0.005	0.016	0.039	0.035	0.017	0.075
其他服务业	−0.085	0.010	0.003	0.008	0.018	0.015	0.007	0.025

农业：出口比率主要集中在 0.013 和 0.103 之间，进口比率主要集中在 0.003 和 0.131 之间，显示出相对较低的进出口规模。东北地区农业部门在京津地区的出口比率与进口比率之差为负值，在其他区域和外国部门的比率之差为正值，表明东北地区农业产品在京津地区为净进口，在其他区域和外国部门为净出口。

采选业：出口比率主要在 0.023 和 0.162 之间，进口比率主要在 0.009 和 0.435 之间，相对于农业部门有所增加。东北地区采选业部门在京津地区的出口比率与进口比率之差也为负值，在其他区域和外国部门的比率之差为正值，表明东北地区采选业产品在京津地区为净进口，在其他区域和外国部门为净出口。

轻工业：出口比率主要在 0.013 和 0.117 之间，进口比率主要在 0.003 和 0.155 之间，规模相对较低。东北地区轻工业部门在京津地区的出口比率与进口比率之差为负值，在其他区域和外国部门的比率之差为正值，表明东北地区轻工业产品在京津地区为净进口，在其他区域和外国部门为净出口。

重工业：出口比率主要在 0.019 和 0.124 之间，进口比率主要在 0.009 和 0.406 之间。东北地区重工业部门在京津地区的出口比率与进口比率之差也为负值，在其他区域和外国部门的比率之差为正值，表明东北地区重工业产品在京津地区为净进口，在其他区域和外国部门为净出口。

公用事业：出口比率主要在 0.026 和 0.209 之间，进口比率主要在 0.006 和 0.279 之间，进出口规模相对较高。然而，东北地区公用事业部门在京津地区的出口比率与进口比率之差仍为负值，在其他区域和外国部门的比率之差为正值，表明东北地区公用事业产品在京津地区为净进口，在其他区域和外国部门为净出口。

建筑业：出口比率主要在 0.000 和 0.077 之间，进口比率主要在 0.001 和 0.044 之间，进出口比率接近于零，规模低。东北地区建筑业部门在东部沿海地区的出口比率与进口比率之差为负值，在其他区域和外国部门的比率之差为正值，表明东北地区建筑业产品在东部沿海地区为净进口，在其他区域和外国部门为净出口。

商业、运输业：出口比率主要在 0.011 和 0.079 之间，进口比率主要在 0.003 和 0.158 之间，进出口规模相对较低。东北地区商业、运输业部门在京津地区的出口比率与进口比率之差也为负值，在其他区域和外国部门的比率之差为正值，表明东北地区商业、运输业产品在京津地区为净进口，在其他区域和外国部门为净出口。

其他服务业：出口比率较低，主要在 0.006 和 0.027 之间，进口比率主要在 0.002 和 0.094 之间。东北地区其他服务业部门在京津地区的出口比率与进口比率之差为负值，在其他区域和外国部门的比率之差为正值，表明东北地区其他服务业产品在京津地区为净进口，在其他区域和外国部门为净出口。

综合来看，在区域分布上，除了建筑业部门外，东北地区的其他七个产业部门的产品主要从京津地区进口，向其他区域以及外国部门出口。建筑业的产品主要从东部沿海地区进口，向其他区域和外国部门出口。

b）京津地区

根据图 6.3 的扩展天际图结果和表 6.9、表 6.10 的进出口比率数据，可以了解京津地区各部门的进出口基本情况。

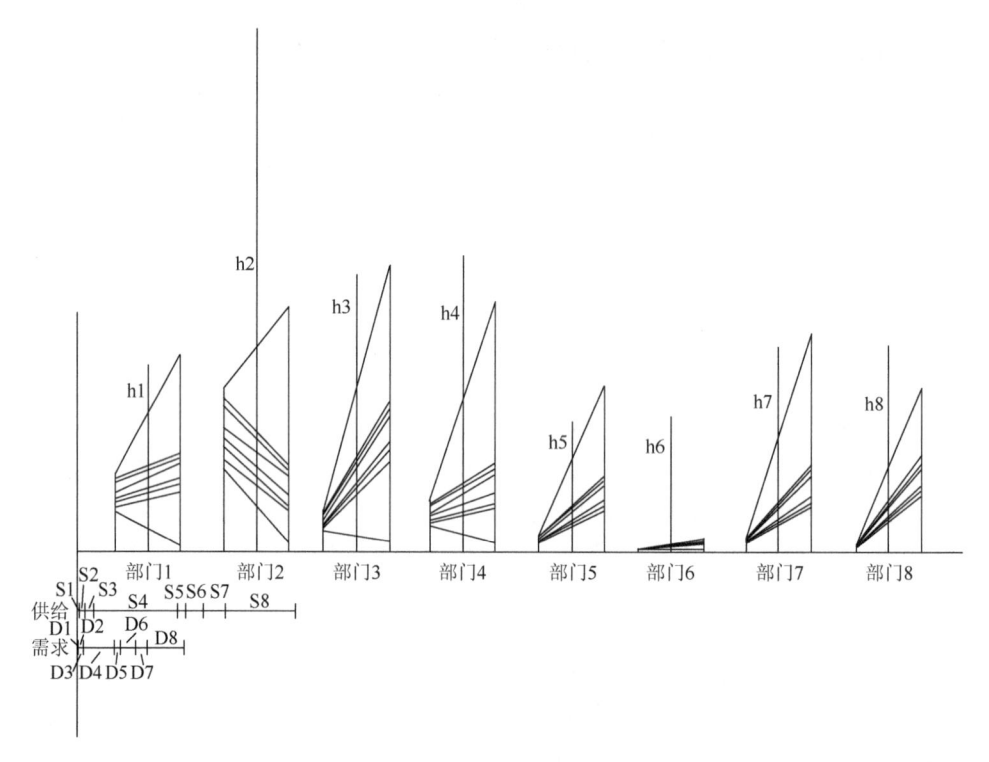

图 6.3 京津地区扩展天际图结果

表 6.9 京津地区各部门的进出口比率

部门	e1	e3	e4	e5	e6	e7	e8	e9
农业	0.056	0.482	0.079	0.049	0.134	0.043	0.045	0.900
采选业	0.080	0.293	0.040	0.082	0.167	0.052	0.048	1.434
轻工业	0.098	0.719	0.103	0.076	0.224	0.073	0.070	1.228
重工业	0.092	0.304	0.039	0.099	0.163	0.059	0.044	1.462
公用事业	0.062	0.312	0.042	0.058	0.131	0.044	0.045	0.812
建筑业	0.021	0.043	0.001	0.002	0.016	0.015	0.003	0.026
商业、运输业	0.055	0.356	0.037	0.065	0.176	0.064	0.039	1.185
其他服务业	0.059	0.448	0.051	0.047	0.148	0.050	0.080	0.607
部门	m1	m3	m4	m5	m6	m7	m8	m9
农业	0.360	0.037	0.056	0.034	0.046	0.093	0.035	0.039
采选业	0.756	0.078	0.117	0.070	0.098	0.197	0.074	0.082

续表

部门	m1	m3	m4	m5	m6	m7	m8	m9
轻工业	0.188	0.019	0.029	0.018	0.024	0.049	0.019	0.021
重工业	0.237	0.024	0.037	0.022	0.031	0.062	0.023	0.026
公用事业	0.077	0.008	0.012	0.007	0.010	0.020	0.008	0.008
建筑业	0.014	0.001	0.002	0.001	0.002	0.004	0.001	0.002
商业、运输业	0.063	0.006	0.010	0.006	0.008	0.016	0.006	0.007
其他服务业	0.034	0.004	0.005	0.003	0.004	0.009	0.003	0.004

表 6.10　京津地区各部门的出口比率与进口比率之差

部门	东北地区	北部沿海地区	东部沿海地区	南部沿海地区	中部地区	西北地区	西南地区	外国部门
农业	−0.304	0.445	0.023	0.015	0.088	−0.050	0.010	0.861
采选业	−0.676	0.215	−0.077	0.012	0.069	−0.145	−0.026	1.352
轻工业	−0.090	0.700	0.074	0.058	0.200	0.024	0.051	1.207
重工业	−0.145	0.280	0.002	0.077	0.132	−0.003	0.021	1.436
公用事业	−0.015	0.304	0.030	0.051	0.121	0.024	0.037	0.804
建筑业	0.007	0.042	−0.001	0.001	0.014	0.011	0.002	0.024
商业、运输业	−0.008	0.350	0.027	0.059	0.168	0.048	0.033	1.178
其他服务业	0.025	0.444	0.046	0.044	0.144	0.041	0.077	0.603

农业：出口比率主要在 0.043 和 0.900 之间，进口比率主要在 0.034 和 0.360 之间。京津地区农业部门在东北地区和西北地区的出口比率与进口比率之差为负值，在其他区域和外国部门的比率之差为正值，表明京津地区农业产品在东北地区和西北地区为净进口，在其他区域和外国部门为净出口。

采选业：出口比率主要在 0.040 和 1.434 之间，进口比率主要在 0.070 和 0.756 之间。京津地区采选业部门在东北地区、东部沿海地区、西北地区和西南地区的出口比率与进口比率之差为负值，在其他区域和外国部门的比率之差为正值，表明京津地区采选业产品在东北地区、东部沿海地区、西北地区和西南地区为净进口，在其他区域和外国部门为净出口。

轻工业：出口比率主要在 0.070 和 1.228 之间，进口比率主要在 0.018 和 0.188

之间。京津地区轻工业部门在东北地区的出口比率与进口比率之差为负值，在其他区域和外国部门的比率之差为正值，表明京津地区轻工业产品在东北地区为净进口，在其他区域和外国部门为净出口。

重工业：出口比率主要在 0.039 和 1.462 之间，进口比率主要在 0.022 和 0.237 之间。京津地区重工业部门在东北地区和西北地区的出口比率与进口比率之差为负值，在其他区域和外国部门的比率之差为正值，表明京津地区重工业产品在东北地区和西北地区为净进口，在其他区域和外国部门为净出口。

公用事业：出口比率主要在 0.042 和 0.812 之间，进口比率主要在 0.007 和 0.077 之间。京津地区公用事业部门在东北地区的出口比率与进口比率之差为负值，在其他区域和外国部门的比率之差为正值，表明京津地区公用事业产品在东北地区为净进口，在其他区域和外国部门为净出口。

建筑业：出口比率主要在 0.001 和 0.043 之间，进口比率主要在 0.001 和 0.014 之间，进出口规模较低。京津地区建筑业部门在东部沿海地区的出口比率与进口比率之差为负值，在其他区域和外国部门的比率之差为正值，表明京津地区建筑业产品在东部沿海地区为净进口，在其他区域和外国部门为净出口。

商业、运输业：出口比率主要在 0.037 和 1.185 之间，进口比率主要在 0.006 和 0.063 之间。京津地区商业、运输业部门在东北地区的出口比率与进口比率之差为负值，在其他区域和外国部门的比率之差为正值，表明京津地区商业、运输业产品在东北地区为净进口，在其他区域和外国部门为净出口。

其他服务业：出口比率主要在 0.047 和 0.607 之间，进口比率主要在 0.003 和 0.034 之间。京津地区其他服务业部门在七个区域和外国部门的出口比率与进口比率之差均为正值，表明京津地区其他服务业产品在不同区域和外国部门为净出口。

综合来看，京津地区除了其他服务业部门不需要向其他区域和外国部门进口，只需要出口以外，其他不同部门的进口来源地和出口去向都有所差异。农业部门需要从东北地区和西北地区进口农业产品并向其他区域和外国部门出口。采选业部门产品主要从东北地区、东部沿海地区、西北地区和西南地区进口，向其他区域和外国部门出口。轻工业部门、公用事业部门和商业、运输业部门三个部门的产品都主要从东北地区进口，并向其他区域和外国部门出口。重工业部门主要从东北地区和西北地区进口产品，向其他区域和外国部门出口产品。建筑业部门产品需要从东部沿海地区进口，向其他区域和外国部门出口。

c）北部沿海地区

根据图 6.4 的扩展天际图结果和表 6.11、表 6.12 的进出口比率数据，可以了解北部沿海地区各部门的进出口基本情况。

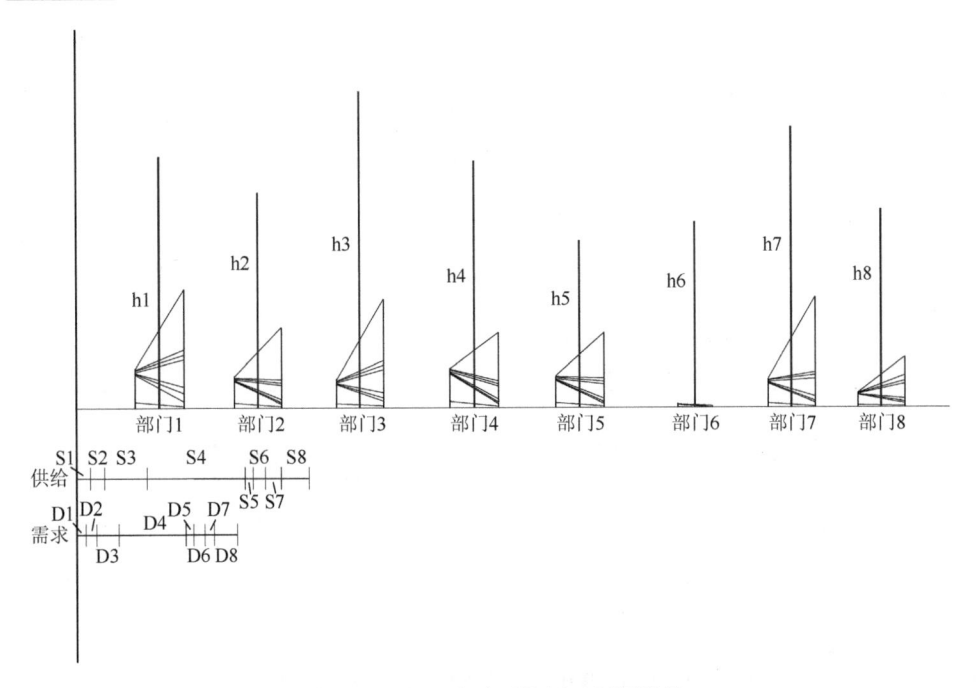

第 6 章 CAFTA 背景下中国产业优化策略

图 6.4 北部沿海地区扩展天际图结果

表 6.11 北部沿海地区各部门的进出口比率

部门	e1	e2	e4	e5	e6	e7	e8	e9
农业	0.012	0.028	0.050	0.038	0.164	0.027	0.032	0.360
采选业	0.009	0.013	0.010	0.018	0.086	0.015	0.019	0.318
轻工业	0.014	0.025	0.021	0.031	0.139	0.026	0.030	0.368
重工业	0.009	0.013	0.009	0.019	0.080	0.014	0.017	0.293
公用事业	0.009	0.014	0.011	0.019	0.087	0.016	0.020	0.274
建筑业	0.000	0.000	0.000	0.000	0.001	0.000	0.000	0.008
商业、运输业	0.007	0.021	0.011	0.025	0.109	0.021	0.018	0.452
其他服务业	0.008	0.015	0.011	0.017	0.089	0.019	0.032	0.110
部门	**m1**	**m2**	**m4**	**m5**	**m6**	**m7**	**m8**	**m9**
农业	0.037	0.164	0.006	0.004	0.005	0.010	0.004	0.004
采选业	0.029	0.131	0.005	0.003	0.004	0.008	0.003	0.003
轻工业	0.026	0.114	0.004	0.002	0.003	0.007	0.003	0.003

续表

部门	m1	m2	m4	m5	m6	m7	m8	m9
重工业	0.037	0.166	0.006	0.004	0.005	0.010	0.004	0.004
公用事业	0.030	0.133	0.005	0.003	0.004	0.008	0.003	0.003
建筑业	0.003	0.014	0.001	0.000	0.000	0.001	0.000	0.000
商业、运输业	0.027	0.118	0.004	0.003	0.003	0.007	0.003	0.003
其他服务业	0.013	0.060	0.002	0.001	0.002	0.004	0.001	0.002

表 6.12　北部沿海地区各部门的出口比率与进口比率之差

部门	东北地区	京津地区	东部沿海地区	南部沿海地区	中部地区	西北地区	西南地区	外国部门
农业	−0.025	−0.136	0.044	0.034	0.159	0.017	0.028	0.356
采选业	−0.020	−0.118	0.005	0.015	0.082	0.007	0.016	0.315
轻工业	−0.012	−0.089	0.017	0.029	0.136	0.019	0.027	0.365
重工业	−0.028	−0.153	0.003	0.015	0.075	0.004	0.013	0.289
公用事业	−0.021	−0.119	0.006	0.016	0.083	0.008	0.017	0.271
建筑业	−0.003	−0.014	−0.001	0.000	0.001	−0.001	0.000	0.008
商业、运输业	−0.020	−0.097	0.007	0.022	0.106	0.014	0.015	0.449
其他服务业	−0.005	−0.045	0.009	0.016	0.087	0.015	0.031	0.108

农业：出口比率主要在 0.012 和 0.360 之间，进口比率主要在 0.004 和 0.164 之间。北部沿海地区农业部门在东北地区和京津地区的出口比率与进口比率之差为负值，在其他区域和外国部门的比率之差为正值，表明北部沿海地区农业产品在东北地区和京津地区为净进口，在其他区域和外国部门为净出口。

采选业：出口比率主要在 0.009 和 0.318 之间，进口比率主要在 0.003 和 0.131 之间。北部沿海地区采选业部门在东北地区和京津地区的出口比率与进口比率之差为负值，在其他区域和外国部门的比率之差为正值，表明北部沿海地区采选业产品在东北地区和京津地区为净进口，在其他区域和外国部门为净出口。

轻工业：出口比率主要在 0.014 和 0.368 之间，进口比率主要在 0.002 和 0.114 之间。北部沿海地区轻工业部门在东北地区和京津地区的出口比率与进口比率之差为负值，在其他区域和外国部门的比率之差为正值，表明北部沿海地区轻工业产品在东北地区和京津地区为净进口,在其他区域和外国部门为净出口。

重工业:出口比率主要在 0.009 和 0.293 之间,进口比率主要在 0.004 和 0.166 之间。北部沿海地区重工业部门在东北地区和京津地区的出口比率与进口比率之差为负值,在其他区域和外国部门的比率之差为正值,表明北部沿海地区重工业产品在东北地区和京津地区为净进口,在其他区域和外国部门为净出口。

公用事业:出口比率主要在 0.009 和 0.274 之间,进口比率主要在 0.003 和 0.133 之间。北部沿海地区公用事业部门在东北地区和京津地区的出口比率与进口比率之差为负值,在其他区域和外国部门的比率之差为正值,表明北部沿海地区公用事业产品在东北地区和京津地区为净进口,在其他区域和外国部门为净出口。

建筑业:出口比率主要在 0.000 和 0.008 之间,进口比率主要在 0.000 和 0.014 之间。北部沿海地区建筑业部门在东北地区、京津地区、东部沿海地区和西北地区的出口比率与进口比率之差为负值,在中部地区和外国部门的比率之差为正值,表明北部沿海地区建筑业产品在东北地区、京津地区、东部沿海地区和西北地区为净进口,在中部地区和外国部门为净出口。

商业、运输业:出口比率主要在 0.007 和 0.452 之间,进口比率主要在 0.003 和 0.118 之间。北部沿海地区商业、运输业部门在东北地区和京津地区的出口比率与进口比率之差为负值,在其他区域和外国部门的比率之差为正值,表明北部沿海地区商业、运输业产品在东北地区和京津地区为净进口,在其他区域和外国部门为净出口。

其他服务业:出口比率主要在 0.008 和 0.110 之间,进口比率主要在 0.001 和 0.060 之间。北部沿海地区其他服务业部门在东北地区和京津地区的出口比率与进口比率之差为负值,在其他区域和外国部门的比率之差为正值,表明北部沿海地区其他服务业产品在东北地区和京津地区为净进口,在其他区域和外国部门为净出口。

综上所述,北部沿海地区建筑业部门主要从东北地区、京津地区、东部沿海地区和西北地区进口建筑业产品,向中部地区和外国部门出口产品。其他七个部门只需要从东北地区和京津地区进口各部门产品,向其他区域和外国部门出口相关产品。

d) 东部沿海地区

根据图 6.5 的扩展天际图结果和表 6.13、表 6.14 的进出口比率数据,可以了解东部沿海地区各部门的进出口基本情况。

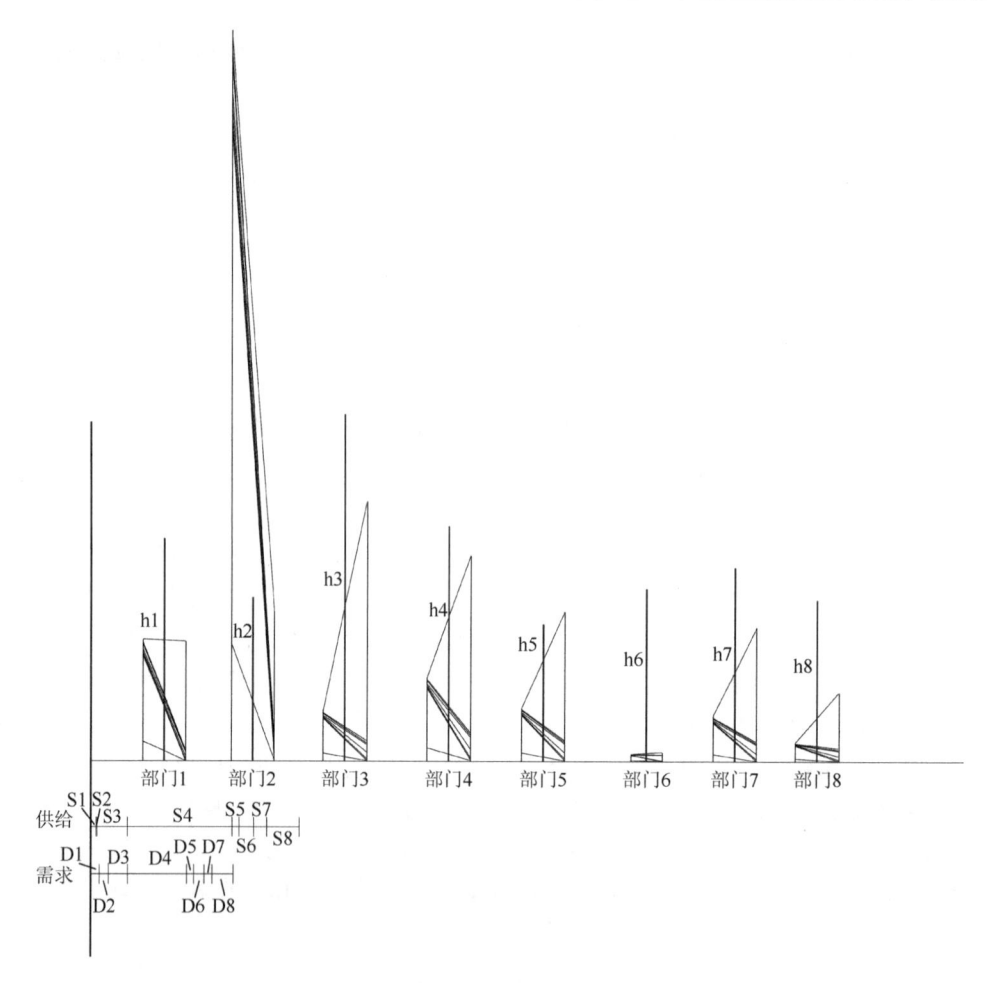

图 6.5　东部沿海地区扩展天际图结果

表 6.13　东部沿海地区各部门的进出口比率

部门	e1	e2	e3	e5	e6	e7	e8	e9
农业	0.002	0.001	0.007	0.022	0.030	0.005	0.008	0.731
采选业	0.005	0.003	0.010	0.038	0.064	0.007	0.004	0.862
轻工业	0.004	0.002	0.012	0.042	0.052	0.009	0.016	1.613
重工业	0.008	0.003	0.014	0.057	0.079	0.014	0.015	1.192
公用事业	0.005	0.002	0.010	0.040	0.060	0.010	0.012	0.869
建筑业	0.001	0.002	0.002	0.001	0.038	0.002	0.001	0.017
商业、运输业	0.004	0.002	0.010	0.036	0.061	0.008	0.009	0.768

续表

部门	e1	e2	e3	e5	e6	e7	e8	e9
其他服务业	0.002	0.001	0.009	0.023	0.035	0.007	0.012	0.374

部门	m1	m2	m3	m5	m6	m7	m8	m9
农业	0.131	0.583	0.014	0.012	0.017	0.034	0.013	0.014
采选业	0.791	3.508	0.081	0.074	0.102	0.205	0.078	0.086
轻工业	0.053	0.236	0.005	0.005	0.007	0.014	0.005	0.006
重工业	0.090	0.400	0.009	0.008	0.012	0.023	0.009	0.010
公用事业	0.057	0.253	0.005	0.005	0.007	0.015	0.006	0.006
建筑业	0.008	0.034	0.001	0.001	0.001	0.002	0.001	0.001
商业、运输业	0.048	0.214	0.005	0.005	0.006	0.013	0.005	0.005
其他服务业	0.020	0.088	0.002	0.002	0.003	0.005	0.002	0.002

表 6.14 东部沿海地区各部门的出口比率与进口比率之差

部门	东北地区	京津地区	北部沿海地区	南部沿海地区	中部地区	西北地区	西南地区	外国部门
农业	−0.129	−0.582	−0.007	0.010	0.013	−0.029	−0.005	0.717
采选业	−0.786	−3.505	−0.071	−0.036	−0.038	−0.198	−0.074	0.776
轻工业	−0.049	−0.234	0.007	0.037	0.045	−0.005	0.011	1.607
重工业	−0.082	−0.397	0.005	0.049	0.067	−0.009	0.006	1.182
公用事业	−0.052	−0.251	0.004	0.035	0.053	−0.005	0.006	0.863
建筑业	−0.007	−0.032	0.001	0.000	0.037	0.000	0.000	0.016
商业、运输业	−0.044	−0.212	0.005	0.031	0.055	−0.005	0.004	0.763
其他服务业	−0.018	−0.087	0.007	0.021	0.032	0.002	0.010	0.372

农业：出口比率主要在 0.001 和 0.731 之间，进口比率主要在 0.012 和 0.583 之间。东部沿海地区农业部门在南部沿海地区、中部地区和外国部门的出口比率与进口比率之差为正值，在其他区域的比率之差为负值，表明东部沿海地区农业产品在南部沿海地区、中部地区和外国部门为净出口，在其他区域为净进口。

采选业：出口比率主要在 0.003 和 0.862 之间，进口比率主要在 0.074 和 3.508 之间。东部沿海地区采选业部门在外国部门的出口比率与进口比率之差为正值，在其他七个区域的比率之差为负值，表明东部沿海地区采选业产品在外国部门为净出口，在其他七个区域为净进口。

轻工业：出口比率主要在 0.002 和 1.613 之间，进口比率主要在 0.005 和 0.236 之间。东部沿海地区轻工业部门在东北地区、京津地区和西北地区的出口比率与进口比率之差为负值，在其他区域和外国部门的比率之差为正值，表明东部沿海地区轻工业产品在东北地区、京津地区和西北地区为净进口，在其他区域和外国部门为净出口。

重工业：出口比率主要在 0.003 和 1.192 之间，进口比率主要在 0.008 和 0.400 之间。东部沿海地区重工业部门在东北地区、京津地区和西北地区的出口比率与进口比率之差为负值，在其他区域和外国部门的比率之差为正值，表明东部沿海地区重工业产品在东北地区、京津地区和西北地区为净进口，在其他区域和外国部门为净出口。

公用事业：出口比率主要在 0.002 和 0.869 之间，进口比率主要在 0.005 和 0.253 之间。东部沿海地区的公用事业部门在东北地区、京津地区和西北地区的出口比率与进口比率之差为负值，在其他区域和外国部门的比率之差为正值，表明东部沿海地区公用事业产品在东北地区、京津地区和西北地区为净进口，在其他区域和外国部门为净出口。

建筑业：出口比率主要在 0.001 和 0.038 之间，进口比率主要在 0.001 和 0.034 之间。东部沿海地区建筑业部门在东北地区和京津地区的出口比率与进口比率之差为负值，在北部沿海地区、中部地区和外国部门的比率之差为正值，在其他区域的比率之差为 0，表明东部沿海地区建筑业产品在东北地区和京津地区为净进口，在北部沿海地区、中部地区和外国部门为净出口。

商业、运输业：出口比率主要在 0.002 和 0.768 之间，进口比率主要在 0.005 和 0.214 之间。东部沿海地区商业、运输业部门在东北地区、京津地区和西北地区的出口比率与进口比率之差为负值，在其他区域和外国部门的比率之差为正值，表明东部沿海地区商业、运输业产品在东北地区、京津地区和西北地区为净进口，在其他区域和外国部门为净出口。

其他服务业：出口比率主要在 0.001 和 0.374 之间，进口比率主要在 0.002 和 0.088 之间。东部沿海地区其他服务业部门在东北地区和京津地区的出口比率与进口比率之差为负值，在其他区域和外国部门的比率之差为正值，表明东部沿海地区其他服务业产品在东北地区和京津地区为净进口，在其他区域和外国部门为净出口。

综上所述，东部沿海地区的农业和采选业产品主要从其他区域进口，而轻工业，重工业，公用事业，建筑业，商业、运输业和其他服务业的产品主要向其他区域出口。

分区域看，东部沿海地区农业产品从东北地区、京津地区、北部沿海地区、西北地区和西南地区进口，向其他区域以及外国部门出口。东部沿海地区采选业产品主要从东北地区、京津地区、北部沿海地区、南部沿海地区、中部地区、西北地区和西南地区进口,向外国部门出口。轻工业,重工业,公用事业,以及商业、运输业的产品,从东北地区、京津地区和西北地区进口,向其他区域以及外国部门出口。建筑业产品从东北地区、京津地区进口,向北部沿海地区、中部地区以及外国部门出口。其他服务业产品从东北地区和京津地区进口,向其他区域以及外国部门出口。

e)南部沿海地区

根据图 6.6 的扩展天际图结果和表 6.15、表 6.16 的进出口比率数据,可以了解南部沿海地区各部门的进出口基本情况。

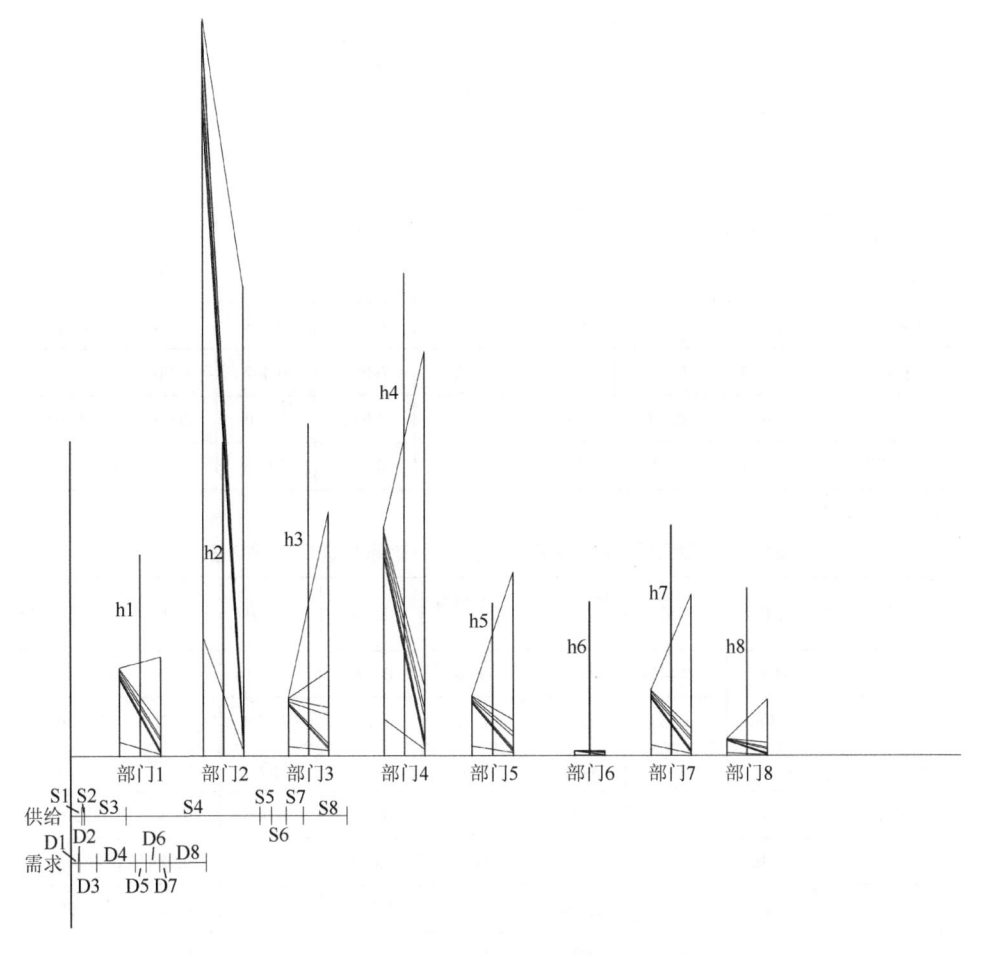

图 6.6 南部沿海地区扩展天际图结果

表 6.15 南部沿海地区各部门的进出口比率

部门	e1	e2	e3	e4	e6	e7	e8	e9
农业	0.015	0.003	0.006	0.014	0.073	0.021	0.092	0.496
采选业	0.041	0.007	0.026	0.017	0.023	0.046	−0.333	3.238
轻工业	0.040	0.008	0.014	0.026	0.205	0.056	0.265	1.153
重工业	0.045	0.007	0.029	0.025	0.160	0.064	0.163	2.431
公用事业	0.023	0.004	0.013	0.013	0.087	0.032	0.088	1.068
建筑业	0.004	0.002	0.002	0.000	0.012	0.004	0.003	0.009
商业、运输业	0.014	0.003	0.011	0.010	0.070	0.024	0.062	0.971
其他服务业	0.007	0.001	0.005	0.006	0.029	0.011	0.035	0.312
部门	m1	m2	m3	m4	m6	m7	m8	m9
农业	0.101	0.450	0.010	0.016	0.013	0.026	0.010	0.011
采选业	0.847	3.760	0.087	0.131	0.110	0.220	0.083	0.092
轻工业	0.067	0.298	0.007	0.010	0.009	0.018	0.007	0.007
重工业	0.263	1.166	0.027	0.041	0.034	0.068	0.026	0.029
公用事业	0.069	0.307	0.007	0.011	0.009	0.018	0.007	0.008
建筑业	0.006	0.026	0.001	0.001	0.001	0.002	0.001	0.001
商业、运输业	0.076	0.336	0.008	0.012	0.010	0.020	0.007	0.008
其他服务业	0.024	0.108	0.003	0.004	0.003	0.006	0.002	0.003

表 6.16 南部沿海地区各部门的出口比率与进口比率之差

部门	东北地区	京津地区	北部沿海地区	东部沿海地区	中部地区	西北地区	西南地区	外国部门
农业	−0.086	−0.447	−0.004	−0.002	0.060	−0.005	0.082	0.485
采选业	−0.806	−3.753	−0.061	−0.114	−0.087	−0.174	−0.416	3.146
轻工业	−0.027	−0.290	0.007	0.016	0.196	0.038	0.258	1.146
重工业	−0.218	−1.159	0.002	−0.016	0.126	−0.004	0.137	2.402
公用事业	−0.046	−0.303	0.006	0.002	0.078	0.014	0.081	1.060
建筑业	−0.002	−0.024	0.001	−0.001	0.011	0.002	0.002	0.008
商业、运输业	−0.062	−0.333	0.003	−0.002	0.060	0.004	0.055	0.963
其他服务业	−0.017	−0.107	0.002	0.002	0.026	0.005	0.033	0.309

农业：出口比率主要在 0.003 和 0.496 之间，进口比率主要在 0.010 和 0.450 之间。南部沿海地区农业部门在中部地区、西南地区和外国部门的出口比率与进口比率之差为正值，在其他区域的比率之差为负值，表明南部沿海地区农业产品在中部地区、西南地区和外国部门为净出口，在其他区域为净进口。

采选业：出口比率主要在 -0.333 和 3.238 之间，进口比率主要在 0.083 和 3.760 之间。南部沿海地区采选业部门在外国部门的出口比率与进口比率之差为正值，在其他七个区域的比率之差为负值，表明南部沿海地区采选业产品在外国部门为净出口，在其他七个区域为净进口。

轻工业：出口比率主要在 0.008 和 1.153 之间，进口比率主要在 0.007 和 0.298 之间。南部沿海地区轻工业部门在东北地区和京津地区的出口比率与进口比率之差为负值，在其他区域和外国部门的比率之差为正值，表明南部沿海地区轻工业产品在东北地区和京津地区为净进口，在其他区域和外国部门为净出口。

重工业：出口比率主要在 0.007 和 2.431 之间，进口比率主要在 0.026 和 1.166 之间。南部沿海地区重工业部门在东北地区、京津地区、东部沿海地区和西北地区的出口比率与进口比率之差为负值，在其他区域和外国部门的比率之差为正值，表明南部沿海地区重工业产品在东北地区、京津地区、东部沿海地区和西北地区为净进口，在其他区域和外国部门为净出口。

公用事业：出口比率主要在 0.004 和 1.068 之间，进口比率主要在 0.007 和 0.307 之间。南部沿海地区公用事业部门在东北地区和京津地区的出口比率与进口比率之差为负值，在其他区域和外国部门的比率之差为正值，表明南部沿海地区公用事业产品在东北地区和京津地区为净进口，在其他区域和外国部门为净出口。

建筑业：出口比率主要在 0.000 和 0.012 之间，进口比率主要在 0.001 和 0.026 之间。南部沿海地区建筑业部门在东北地区、京津地区和东部沿海地区的出口比率与进口比率之差为负值，在其他区域和外国部门的比率之差为正值，表明南部沿海地区建筑业产品在东北地区、京津地区和东部沿海地区为净进口，在其他区域和外国部门为净出口。

商业、运输业：出口比率主要在 0.003 和 0.971 之间，进口比率主要在 0.007 和 0.336 之间。南部沿海地区商业、运输业部门在东北地区、京津地区和东部沿海地区的出口比率与进口比率之差为负值，在其他区域和外国部门的比率之差为正值，表明南部沿海地区商业、运输业产品在东北地区、京津地区和东部沿海地区为净进口，在其他区域和外国部门为净出口。

其他服务业：出口比率主要在 0.001 和 0.312 之间，进口比率主要在 0.002 和 0.108 之间。南部沿海地区其他服务业部门在东北地区和京津地区的出口比率与进口比率之差为负值，在其他区域和外国部门的比率之差为正值，表明南部沿海地区其他服务业产品在东北地区和京津地区为净进口，在其他区域和外国部门为净出口。

综上所述，南部沿海地区农业部门主要向中部地区、西南地区和外国部门出口产品，需要从其他五个区域进口农业产品。采选业部门只对外国部门出口，需要从其他七个区域进口采选业产品。轻工业、公用事业、其他服务业三个部门产品都是从东北地区和京津地区进口，向其他区域和外国部门出口。重工业部门产品主要从东北地区、京津地区、东部沿海地区和西北地区进口，向其他区域和外国部门出口。建筑业和商业、运输业两个部门均是从东北地区、京津地区和东部沿海地区进口产品，向其他区域和外国部门出口产品。

f）中部地区

根据图 6.7 的扩展天际图结果和表 6.17、表 6.18 的进出口比率数据，可以了解中部地区各部门的进出口基本情况。

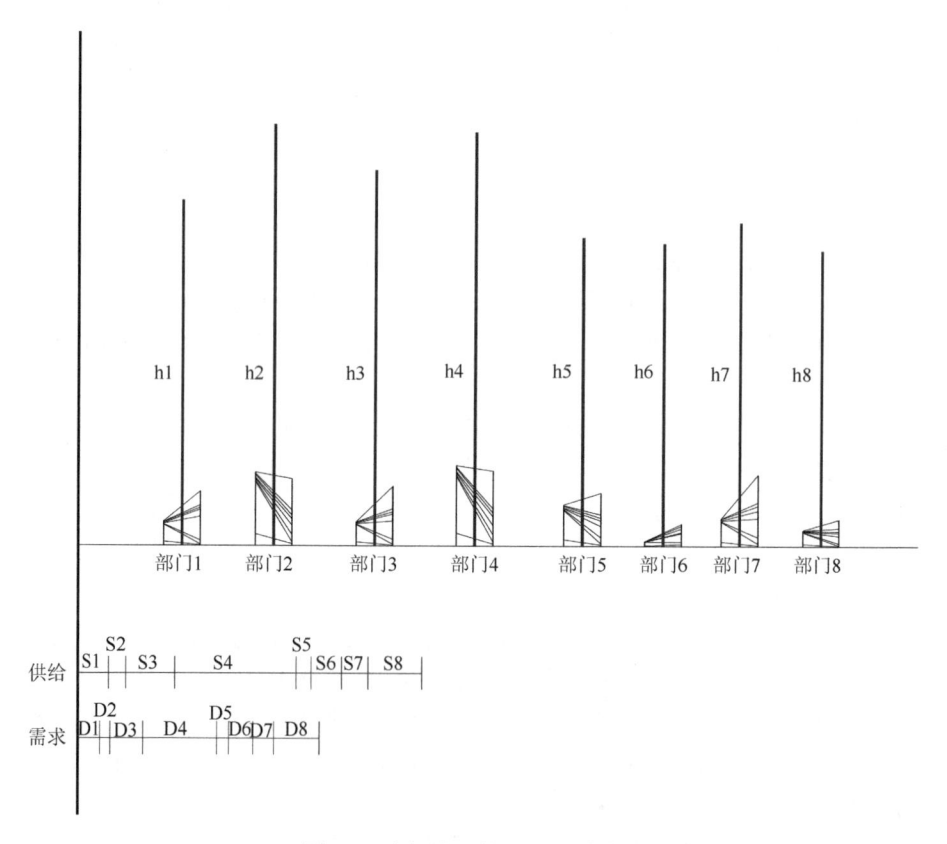

图 6.7 中部地区扩展天际图结果

表 6.17　中部地区各部门的进出口比率

部门	e1	e2	e3	e4	e5	e7	e8	e9
农业	0.002	0.002	0.016	0.095	0.028	0.008	0.010	0.055
采选业	0.008	0.006	0.029	0.037	0.027	0.014	0.020	0.125
轻工业	0.004	0.003	0.020	0.073	0.028	0.009	0.012	0.090
重工业	0.008	0.006	0.029	0.037	0.035	0.015	0.017	0.151
公用事业	0.006	0.005	0.024	0.045	0.022	0.011	0.013	0.087
建筑业	0.008	0.010	0.034	0.001	0.002	0.015	0.010	0.008
商业、运输业	0.004	0.007	0.025	0.075	0.030	0.019	0.015	0.110
其他服务业	0.002	0.002	0.009	0.029	0.011	0.006	0.013	0.035

部门	m1	m2	m3	m4	m5	m7	m8	m9
农业	0.015	0.068	0.002	0.002	0.001	0.004	0.002	0.002
采选业	0.047	0.207	0.005	0.007	0.004	0.012	0.005	0.005
轻工业	0.016	0.069	0.002	0.002	0.001	0.004	0.002	0.002
重工业	0.051	0.227	0.005	0.008	0.005	0.013	0.005	0.006
公用事业	0.026	0.117	0.003	0.004	0.003	0.007	0.003	0.003
建筑业	0.003	0.015	0.000	0.001	0.000	0.001	0.000	0.000
商业、运输业	0.018	0.080	0.002	0.003	0.002	0.005	0.002	0.002
其他服务业	0.010	0.046	0.001	0.002	0.001	0.003	0.001	0.001

表 6.18　中部地区各部门的出口比率与进口比率之差

部门	东北地区	京津地区	北部沿海地区	东部沿海地区	南部沿海地区	西北地区	西南地区	外国部门
农业	−0.013	−0.066	0.014	0.093	0.027	0.004	0.008	0.053
采选业	−0.039	−0.201	0.024	0.030	0.023	0.002	0.015	0.120
轻工业	−0.012	−0.066	0.018	0.071	0.027	0.005	0.010	0.088
重工业	−0.043	−0.221	0.024	0.029	0.030	0.002	0.012	0.145
公用事业	−0.020	−0.112	0.021	0.041	0.019	0.004	0.010	0.084
建筑业	0.005	−0.005	0.034	0.000	0.002	0.014	0.010	0.008
商业、运输业	−0.014	−0.073	0.023	0.072	0.028	0.014	0.013	0.108
其他服务业	−0.008	−0.044	0.008	0.027	0.010	0.003	0.012	0.034

农业：出口比率主要在 0.002 和 0.095 之间，进口比率主要在 0.001 和 0.068 之间。中部地区农业部门在东北地区和京津地区的出口比率与进口比率之差为负值，在其他区域和外国部门的比率之差为正值，表明中部地区农业产品在东北地区和京津地区为净进口，在其他区域和外国部门为净出口。

采选业：出口比率主要在 0.006 和 0.125 之间，进口比率主要在 0.004 和 0.207 之间。中部地区采选业部门在东北地区和京津地区的出口比率与进口比率之差为负值，在其他区域和外国部门的比率之差为正值，表明中部地区采选业产品在东北地区和京津地区为净进口，在其他区域和外国部门为净出口。

轻工业：出口比率主要在 0.003 和 0.090 之间，进口比率主要在 0.001 和 0.069 之间。中部地区轻工业部门在东北地区和京津地区的出口比率与进口比率之差为负值，在其他区域和外国部门的比率之差为正值，表明中部地区轻工业产品在东北地区和京津地区为净进口，在其他区域和外国部门为净出口。

重工业：出口比率主要在 0.006 和 0.151 之间，进口比率主要在 0.005 和 0.227 之间。中部地区重工业部门在东北地区和京津地区的出口比率与进口比率之差为负值，在其他区域和外国部门的比率之差为正值，表明中部地区重工业产品在东北地区和京津地区为净进口，在其他区域和外国部门为净出口。

公用事业：出口比率主要在 0.005 和 0.087 之间，进口比率主要在 0.003 和 0.117 之间。中部地区公用事业部门在东北地区和京津地区的出口比率与进口比率之差为负值，在其他区域和外国部门的比率之差为正值，表明中部地区公用事业产品在东北地区和京津地区为净进口，在其他区域和外国部门为净出口。

建筑业：出口比率主要在 0.001 和 0.034 之间，进口比率主要在 0.000 和 0.015 之间。中部地区建筑业部门在京津地区的出口比率与进口比率之差为负值，在其他区域和外国部门的比率之差为正值，表明中部地区建筑业产品在京津地区为净进口，在其他区域和外国部门为净出口。

商业、运输业：出口比率主要在 0.004 和 0.110 之间，进口比率主要在 0.002 和 0.080 之间。中部地区商业、运输业部门在东北地区和京津地区的出口比率与进口比率之差为负值，在其他区域和外国部门的比率之差为正值，表明中部地区商业、运输业产品在东北地区和京津地区为净进口，在其他区域和外国部门为净出口。

其他服务业：出口比率主要在 0.002 和 0.035 之间，进口比率主要在 0.001 和 0.046 之间。中部地区其他服务业部门在东北地区和京津地区的出口比率与进口比率之差为负值，在其他区域和外国部门的比率之差为正值，表明中部地区其他服务业产品在东北地区和京津地区为净进口，在其他区域和外国部门为净出口。

综上所述，中部地区建筑业部门主要从京津地区进口产品，向其他六个区域和外国部门出口产品。除了建筑业之外的其他七个部门产品，均从东北地区和京津地区进口，向其他区域以及外国部门出口。

g）西北地区

根据图 6.8 的扩展天际图结果和表 6.19、表 6.20 的进出口比率数据，可以了解西北地区各部门的进出口基本情况。

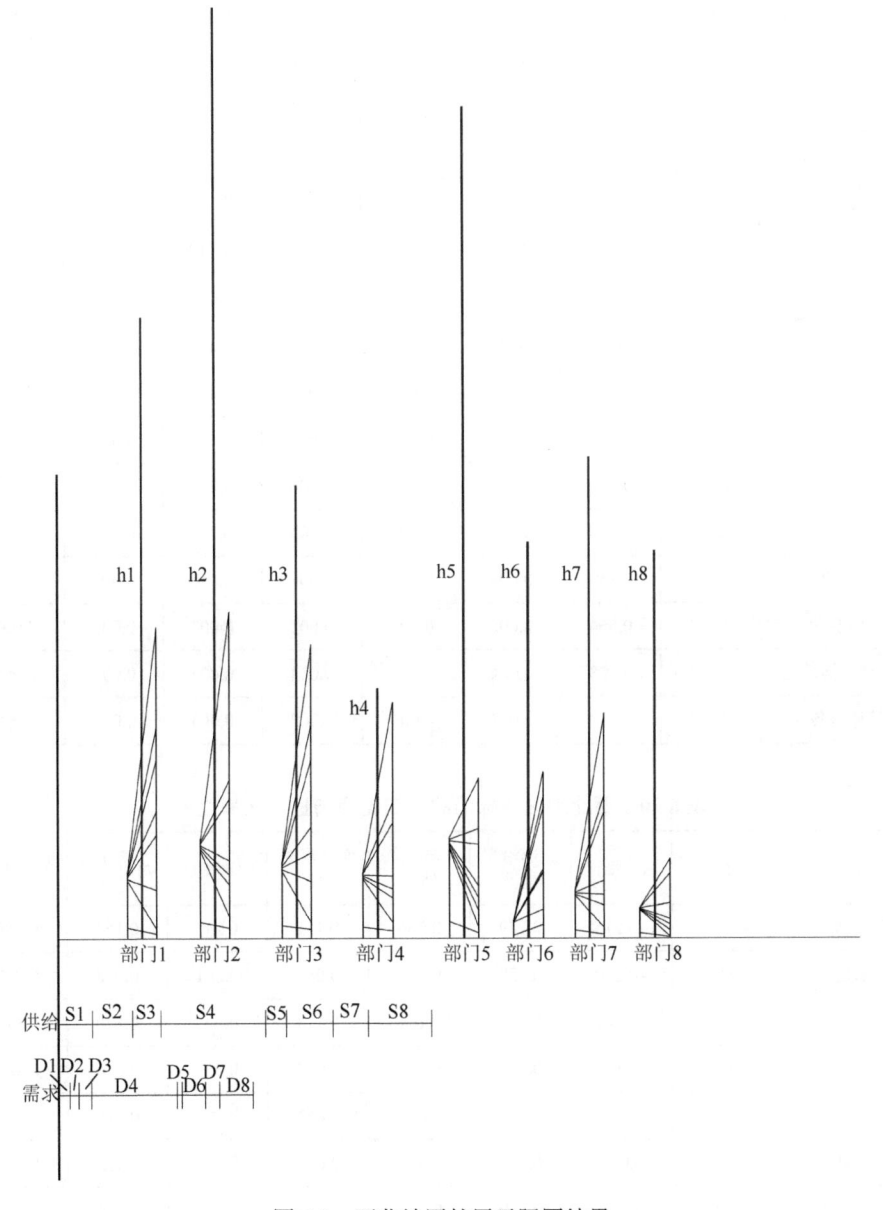

图 6.8　西北地区扩展天际图结果

表 6.19 西北地区各部门的进出口比率

部门	e1	e2	e3	e4	e5	e6	e8	e9
农业	0.023	0.020	0.194	0.274	0.116	0.256	0.159	0.486
采选业	0.050	0.055	0.158	0.048	0.071	0.301	0.096	0.822
轻工业	0.045	0.029	0.206	0.150	0.120	0.334	0.176	0.382
重工业	0.037	0.041	0.122	0.044	0.062	0.260	0.099	0.492
公用事业	0.027	0.024	0.086	0.061	0.061	0.203	0.078	0.245
建筑业	0.066	0.078	0.179	0.005	0.013	0.299	0.053	0.126
商业、运输业	0.019	0.030	0.113	0.052	0.071	0.340	0.080	0.398
其他服务业	0.006	0.004	0.031	0.028	0.026	0.078	0.145	0.071
部门	m1	m2	m3	m4	m5	m6	m8	m9
农业	0.053	0.235	0.005	0.008	0.005	0.007	0.005	0.006
采选业	0.079	0.349	0.008	0.012	0.007	0.010	0.008	0.009
轻工业	0.061	0.270	0.006	0.009	0.006	0.008	0.006	0.007
重工业	0.054	0.238	0.006	0.008	0.005	0.007	0.005	0.006
公用事业	0.081	0.358	0.008	0.013	0.008	0.010	0.008	0.009
建筑业	0.014	0.064	0.002	0.002	0.001	0.002	0.001	0.002
商业、运输业	0.039	0.173	0.004	0.006	0.004	0.005	0.004	0.004
其他服务业	0.025	0.112	0.003	0.004	0.002	0.003	0.003	0.003

表 6.20 西北地区各部门的出口比率与进口比率之差

部门	东北地区	京津地区	北部沿海地区	东部沿海地区	南部沿海地区	中部地区	西南地区	外国部门
农业	−0.030	−0.215	0.189	0.266	0.111	0.249	0.154	0.480
采选业	−0.029	−0.294	0.150	0.036	0.064	0.291	0.088	0.813
轻工业	−0.016	−0.241	0.200	0.141	0.114	0.326	0.170	0.375
重工业	−0.017	−0.197	0.116	0.036	0.057	0.253	0.094	0.486
公用事业	−0.054	−0.334	0.078	0.048	0.053	0.193	0.070	0.236
建筑业	0.052	0.014	0.177	0.003	0.012	0.297	0.052	0.124
商业、运输业	−0.020	−0.143	0.109	0.046	0.067	0.335	0.076	0.394
其他服务业	−0.019	−0.108	0.028	0.024	0.024	0.075	0.142	0.068

农业：出口比率主要在 0.020 和 0.486 之间，进口比率主要在 0.005 和 0.235 之间。西北地区农业部门在东北地区和京津地区的出口比率与进口比率之差为负值，在其他区域和外国部门的比率之差为正值，表明西北地区农业产品在东北地区和京津地区为净进口，在其他区域和外国部门为净出口。

采选业：出口比率主要在 0.048 和 0.822 之间，进口比率主要在 0.007 和 0.349 之间。西北地区采选业部门在东北地区和京津地区的出口比率与进口比率之差为负值，在其他区域和外国部门的比率之差为正值，表明西北地区采选业产品在东北地区和京津地区为净进口，在其他区域和外国部门为净出口。

轻工业：出口比率主要在 0.029 和 0.382 之间，进口比率主要在 0.006 和 0.270 之间。西北地区轻工业部门在东北地区和京津地区的出口比率与进口比率之差为负值，在其他区域和外国部门的比率之差为正值，表明西北地区轻工业产品在东北地区和京津地区为净进口，在其他区域和外国部门为净出口。

重工业：出口比率主要在 0.037 和 0.492 之间，进口比率主要在 0.005 和 0.238 之间。西北地区重工业部门在东北地区和京津地区的出口比率与进口比率之差为负值，在其他区域和外国部门的比率之差为正值，表明西北地区重工业产品在东北地区和京津地区为净进口，在其他区域和外国部门为净出口。

公用事业：出口比率主要在 0.024 和 0.245 之间，进口比率主要在 0.008 和 0.358 之间。西北地区公用事业部门在东北地区和京津地区的出口比率与进口比率之差为负值，在其他区域和外国部门的比率之差为正值，表明西北地区公用事业产品在东北地区和京津地区为净进口，在其他区域和外国部门为净出口。

建筑业：出口比率主要在 0.005 和 0.299 之间，进口比率主要在 0.001 和 0.064 之间。西北地区建筑业部门在所有区域和外国部门的出口比率与进口比例之差均为正值，表明西北地区建筑业产品在所有区域和外国部门为净出口。

商业、运输业：出口比率主要在 0.019 和 0.398 之间，进口比率主要在 0.004 和 0.173 之间。西北地区商业、运输业部门在东北地区和京津地区的出口比率与进口比率之差为负值，在其他区域和外国部门的比率之差为正值，表明西北地区商业、运输业产品在东北地区和京津地区为净进口，在其他区域和外国部门为净出口。

其他服务业：出口比率主要在 0.004 和 0.145 之间，进口比率主要在 0.002 和 0.112 之间。西北地区其他服务业部门在东北地区和京津地区的出口比率与进口比率之差为负值，在其他区域和外国部门的比率之差为正值，表明西北地区其他服务业产品在东北地区和京津地区为净进口，在其他区域和外国部门为净出口。

综上所述，西北地区的八个部门都是出口比率大于进口比率。除建筑业部门不需要进口产品，只向其他区域和外国部门出口产品以外，其他七个部门均从东北地区和京津地区进口产品，向其他区域和外国部门出口产品。

h）西南地区

根据图 6.9 的扩展天际图结果和表 6.21、表 6.22 的进出口比率数据，可以了解西南地区各部门的进出口基本情况。

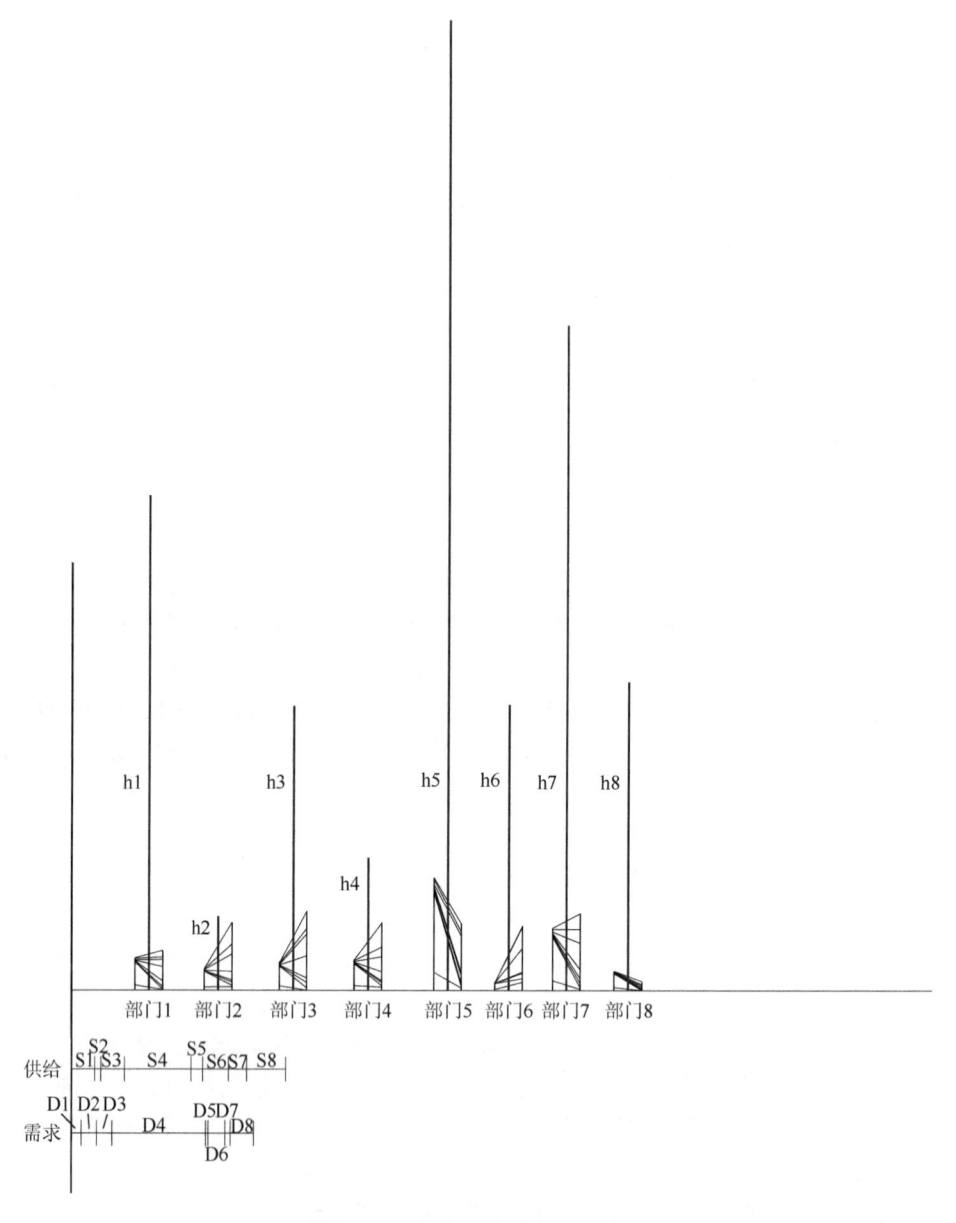

图 6.9　西南地区扩展天际图结果

表 6.21　西南地区各部门的进出口比率

部门	e1	e2	e3	e4	e5	e6	e7	e9
农业	0.003	0.001	0.012	0.031	0.076	0.039	0.013	0.035
采选业	0.019	0.008	0.017	0.011	0.045	0.092	0.053	0.116
轻工业	0.012	0.004	0.024	0.024	0.117	0.115	0.030	0.092
重工业	0.018	0.008	0.016	0.009	0.048	0.081	0.051	0.130
公用事业	0.013	0.004	0.017	0.040	0.018	0.196	0.023	0.043
建筑业	0.045	0.020	0.029	0.000	0.005	0.127	0.114	0.004
商业、运输业	0.008	0.008	0.023	0.023	0.050	0.140	0.074	0.085
其他服务业	0.002	0.001	0.003	0.002	0.008	0.010	0.007	0.018
部门	m1	m2	m3	m4	m5	m6	m7	m9
农业	0.027	0.122	0.003	0.004	0.003	0.004	0.007	0.003
采选业	0.018	0.082	0.002	0.003	0.002	0.002	0.005	0.002
轻工业	0.023	0.104	0.002	0.004	0.002	0.003	0.006	0.003
重工业	0.026	0.115	0.003	0.004	0.002	0.003	0.007	0.003
公用事业	0.096	0.424	0.010	0.015	0.009	0.012	0.025	0.010
建筑业	0.007	0.030	0.001	0.001	0.001	0.001	0.002	0.001
商业、运输业	0.053	0.234	0.005	0.008	0.005	0.007	0.014	0.006
其他服务业	0.017	0.073	0.002	0.003	0.002	0.002	0.004	0.002

表 6.22　西南地区各部门的出口比率与进口比率之差

部门	东北地区	京津地区	北部沿海地区	东部沿海地区	南部沿海地区	中部地区	西北地区	外国部门
农业	−0.024	−0.121	0.009	0.027	0.073	0.035	0.006	0.032
采选业	0.001	−0.074	0.015	0.008	0.043	0.090	0.048	0.114
轻工业	−0.011	−0.100	0.022	0.020	0.115	0.112	0.024	0.089
重工业	−0.008	−0.107	0.013	0.005	0.046	0.078	0.044	0.127
公用事业	−0.083	−0.420	0.007	0.025	0.009	0.184	−0.002	0.033
建筑业	0.038	−0.010	0.028	−0.001	0.004	0.126	0.112	0.003
商业、运输业	−0.045	−0.226	0.018	0.015	0.045	0.133	0.060	0.079
其他服务业	−0.015	−0.072	0.001	−0.001	0.006	0.008	0.003	0.016

农业：出口比率主要在 0.001 和 0.076 之间，进口比率主要在 0.003 和 0.122 之间。西南地区农业部门在东北地区和京津地区的出口比率与进口比率之差为负值，在其他区域和外国部门的比率之差为正值，表明西南地区农业产品在东北地区和京津地区为净进口，在其他区域和外国部门为净出口。

采选业：出口比率主要在 0.008 和 0.116 之间，进口比率主要在 0.002 和 0.082 之间。西南地区采选业部门在京津地区的出口比率与进口比率之差为负值，在其他区域和外国部门的比率之差为正值，表明西南地区采选业产品在京津地区为净进口，在其他区域和外国部门为净出口。

轻工业：出口比率主要在 0.004 和 0.117 之间，进口比率主要在 0.002 和 0.104 之间。西南地区轻工业部门在东北地区和京津地区的出口比率与进口比率之差为负值，在其他区域和外国部门的比率之差为正值，表明西南地区轻工业产品在东北地区和京津地区为净进口，在其他区域和外国部门为净出口。

重工业：出口比率主要在 0.008 和 0.130 之间，进口比率主要在 0.002 和 0.115 之间。西南地区重工业部门在东北地区和京津地区的出口比率与进口比率之差为负值，在其他区域和外国部门的比率之差为正值，表明西南地区重工业产品在东北地区和京津地区为净进口，在其他区域和外国部门为净出口。

公用事业：出口比率主要在 0.004 和 0.196 之间，进口比率主要在 0.009 和 0.424 之间。西南地区公用事业部门在东北地区、京津地区和西北地区的出口比率与进口比率之差为负值，在其他区域和外国部门的比率之差为正值，表明西南地区公用事业产品在东北地区、京津地区和西北地区为净进口，在其他区域和外国部门为净出口。

建筑业：出口比率主要在 0.000 和 0.127 之间，进口比率主要在 0.001 和 0.030 之间。西南地区建筑业部门在京津地区和东部沿海地区的出口比率与进口比率之差为负值，在其他区域和外国部门的比率之差为正值，表明西南地区建筑业产品在京津地区和东部沿海地区为净进口，在其他区域和外国部门为净出口。

商业、运输业：出口比率主要在 0.008 和 0.140 之间，进口比率主要在 0.005 和 0.234 之间。西南地区商业、运输业部门在东北地区和京津地区的出口比率与进口比率之差为负值，在其他区域和外国部门的比率之差为正值，表明西南地区商业、运输业产品在东北地区和京津地区为净进口，在其他区域和外国部门为净出口。

其他服务业：出口比率主要在 0.001 和 0.018 之间，进口比率主要在 0.002 和 0.073 之间。西南地区其他服务业部门在东北地区、京津地区和东部沿海地区的出口比率与进口比率之差为负值，在其他区域和外国部门的比率之差为正值，表明西南地区其他服务业产品在东北地区、京津地区和东部沿海地区为净进口，在其他区域和外国部门为净出口。

综上所述，西南地区农业，轻工业，重工业，以及商业、运输业四个部门主要从东北地区和京津地区进口产品，并向其他区域和外国部门出口产品。采选业部门产品主要从京津地区进口，向其他区域和外国部门出口。公用事业部门从东北地区、京津地区和西北地区进口产品，向其他区域和外国部门出口产品。建筑业产品主要从京津地区和东部沿海地区进口，然后再向其他区域和外国部门出口。

其他服务业部门从东北地区、京津地区和东部沿海地区进口产品，向其他区域和外国部门出口产品。

B. 八大部门情况分析

a）八大产业部门基本情况

针对两个区域的某个部门的产品，两个区域有可能互相进口[①]，也可能是单向流动。下面是各个部门产品在区域间的流动情况，使用棋盘式图表表示，其中用"+"表示行坐标区域对纵坐标区域的净出口，即该部门产品由行坐标部门流向纵坐标部门。

Ⅰ. 农业产品在区域间流动情况

农业产品在区域间的流动情况如表 6.23 所示。

表 6.23 农业产品流向

	东北地区	京津地区	北部沿海地区	东部沿海地区	南部沿海地区	中部地区	西北地区	西南地区
东北地区		−	+	+	+	+	+	+
京津地区	−		+	+	+	+	−	+
北部沿海地区	−	−		+	+	+	+	+
东部沿海地区	−	−	−		+	+	−	−
南部沿海地区	−	−	−	−		+	−	+
中部地区	−	−	+	+	+		+	+
西北地区	−	−	+	+	+	−		+
西南地区	−	−	+	+	+	+	+	

东北地区向北部沿海地区、东部沿海地区、南部沿海地区、中部地区、西北地区和西南地区流动。

京津地区向北部沿海地区、东部沿海地区、南部沿海地区、中部地区和西南地区流动。

北部沿海地区向东部沿海地区、南部沿海地区、中部地区、西北地区和西南地区流动。

东部沿海地区向南部沿海地区和中部地区流动。

南部沿海地区向中部地区和西南地区流动。

中部地区向北部沿海地区、东部沿海地区、南部沿海地区、西北地区和西南

---

① 区域间互相进口可能源于品牌差异，也可能是资源存在浪费。

地区流动。

西北地区向北部沿海地区、东部沿海地区、南部沿海地区、中部地区和西南地区流动。

西南地区向北部沿海地区、东部沿海地区、南部沿海地区、中部地区和西北地区流动。

Ⅱ. 采选业产品在区域间流动情况

采选业产品在区域间的流动情况见表 6.24。

表 6.24 采选业产品流向

	东北地区	京津地区	北部沿海地区	东部沿海地区	南部沿海地区	中部地区	西北地区	西南地区
东北地区		−	+	+	+	+	+	+
京津地区	−		+	−	+	+	−	−
北部沿海地区	−	−		+	+	+	+	+
东部沿海地区	−	−	−		−	−	−	−
南部沿海地区	−	−	−	−		−	−	−
中部地区	−	−	+	+	+		+	+
西北地区	−	−	+	+	+	+		+
西南地区	+	−	+	+	+	+	+	

东北地区向北部沿海地区、东部沿海地区、南部沿海地区、中部地区、西北地区和西南地区流动。

京津地区向北部沿海地区、南部沿海地区和中部地区流动。

北部沿海地区向东部沿海地区、南部沿海地区、中部地区、西北地区和西南地区流动。

中部地区向北部沿海地区、东部沿海地区、南部沿海地区、西北地区和西南地区流动。

西北地区向北部沿海地区、东部沿海地区、南部沿海地区、中部地区和西南地区流动。

西南地区向东北地区、北部沿海地区、东部沿海地区、南部沿海地区、中部地区和西北地区流动。

Ⅲ. 轻工业产品在区域间流动情况

轻工业产品在区域间的流动情况如表 6.25 所示。

第 6 章 CAFTA 背景下中国产业优化策略

表 6.25 轻工业产品流向

	东北地区	京津地区	北部沿海地区	东部沿海地区	南部沿海地区	中部地区	西北地区	西南地区
东北地区		–	+	+	+	+	+	+
京津地区	–		+	+	+	+	+	+
北部沿海地区	–	–		+	+	+	+	+
东部沿海地区	–	–	+		+	+	–	+
南部沿海地区	–	–	+	+		+	+	+
中部地区	–	–	+	+	+		+	+
西北地区	–	–	+	+	+	–		+
西南地区	–	–	+	+	+	+	+	

东北地区向北部沿海地区、东部沿海地区、南部沿海地区、中部地区、西北地区和西南地区流动。

京津地区向北部沿海地区、东部沿海地区、南部沿海地区、中部地区、西北地区和西南地区流动。

北部沿海地区向东部沿海地区、南部沿海地区、中部地区、西北地区和西南地区流动。

东部沿海地区向北部沿海地区、南部沿海地区、中部地区和西南地区流动。

南部沿海地区向北部沿海地区、东部沿海地区、中部地区、西北地区和西南地区流动。

中部地区向北部沿海地区、东部沿海地区、南部沿海地区、西北地区和西南地区流动。

西北地区向北部沿海地区、东部沿海地区、南部沿海地区、中部地区和西南地区流动。

西南地区向北部沿海地区、东部沿海地区、南部沿海地区、中部地区和西北地区流动。

Ⅳ. 重工业产品在区域间流动情况

重工业产品在区域间的流动情况如表 6.26 所示。

表 6.26 重工业产品流向

	东北地区	京津地区	北部沿海地区	东部沿海地区	南部沿海地区	中部地区	西北地区	西南地区
东北地区		–	+	+	+	+	+	+
京津地区	–		+	+	+	+	–	+
北部沿海地区	–	–		+	+	+	+	+

续表

	东北地区	京津地区	北部沿海地区	东部沿海地区	南部沿海地区	中部地区	西北地区	西南地区
东部沿海地区	-	-	+		+	+	-	+
南部沿海地区	-	-	+	-		+	-	+
中部地区	-	-	+	+	+		+	+
西北地区	-	-	+	+	+	+		+
西南地区	-	-	+	+	+	+	+	

东北地区向北部沿海地区、东部沿海地区、南部沿海地区、中部地区、西北地区和西南地区流动。

京津地区向北部沿海地区、东部沿海地区、南部沿海地区、中部地区和西南地区流动。

北部沿海地区向东部沿海地区、南部沿海地区、中部地区、西北地区和西南地区流动。

东部沿海地区向北部沿海地区、中部地区和西南地区流动。

南部沿海地区向北部沿海地区、中部地区和西南地区流动。

中部地区向北部沿海地区、东部沿海地区、南部沿海地区、西北地区和西南地区流动。

西北地区向北部沿海地区、东部沿海地区、南部沿海地区、中部地区和西南地区流动。

西南地区向北部沿海地区、东部沿海地区、南部沿海地区、中部地区和西北地区流动。

Ⅴ．公用事业产品在区域间流动情况

公用事业产品在区域间的流动情况如表 6.27 所示。

表 6.27　公用事业产品流向

	东北地区	京津地区	北部沿海地区	东部沿海地区	南部沿海地区	中部地区	西北地区	西南地区
东北地区		-	+	+	+	+	+	+
京津地区	-		+	+	+	+	+	+
北部沿海地区	-	-		+	+	+	+	+
东部沿海地区	-	-	+		+	+	-	+
南部沿海地区	-	-	+	+		+	+	+
中部地区	-	-	+	+	+		+	+

续表

	东北地区	京津地区	北部沿海地区	东部沿海地区	南部沿海地区	中部地区	西北地区	西南地区
西北地区	-	-	+	+	+	+		+
西南地区	-	-	+	+	+	+	-	

东北地区向北部沿海地区、东部沿海地区、南部沿海地区、中部地区、西北地区和西南地区流动。

京津地区向北部沿海地区、东部沿海地区、南部沿海地区、中部地区和西南地区流动。

北部沿海地区向东部沿海地区、南部沿海地区、中部地区、西北地区和西南地区流动。

东部沿海地区向北部沿海地区、南部沿海地区、中部地区和西南地区流动。

南部沿海地区向北部沿海地区、东部沿海地区、中部地区、西北地区和西南地区流动。

中部地区向北部沿海地区、东部沿海地区、南部沿海地区、西北地区和西南地区流动。

西北地区向北部沿海地区、东部沿海地区、南部沿海地区、中部地区和西南地区流动。

西南地区向北部沿海地区、东部沿海地区、南部沿海地区和中部地区流动。

Ⅵ. 建筑业产品在区域间流动情况

建筑业产品在区域间的流动情况如表 6.28 所示。

表 6.28 建筑业产品流向

	东北地区	京津地区	北部沿海地区	东部沿海地区	南部沿海地区	中部地区	西北地区	西南地区
东北地区		+	+	-	+	+	+	+
京津地区	+		+	-	+	+	+	+
北部沿海地区	-	-		-		+	-	
东部沿海地区	-	-	+			+		
南部沿海地区			+			+	+	+
中部地区	+	-	+		+		+	+
西北地区	+	+	+	+		+		+
西南地区	+	-	+		+	+	+	

东北地区向京津地区、北部沿海地区、南部沿海地区、中部地区、西北地区

和西南地区流动。

京津地区向东北地区、北部沿海地区、南部沿海地区、中部地区、西北地区和西南地区流动。

北部沿海地区向中部地区流动。

东部沿海地区向北部沿海地区和中部地区流动。

南部沿海地区向北部沿海地区、中部地区、西北地区和西南地区流动。

中部地区向东北地区、北部沿海地区、南部沿海地区、西北地区和西南地区流动。

西北地区向东北地区、京津地区、北部沿海地区、东部沿海地区、南部沿海地区、中部地区和西南地区流动。

西南地区向东北地区、北部沿海地区、南部沿海地区、中部地区和西北地区流动。

Ⅶ. 商业、运输业产品在区域间流动情况

商业、运输业产品在区域间的流动情况如表 6.29 所示。

表 6.29　商业、运输业产品流向

	东北地区	京津地区	北部沿海地区	东部沿海地区	南部沿海地区	中部地区	西北地区	西南地区
东北地区		−	+	+	+	+	+	+
京津地区	−		+	+	+	+	+	+
北部沿海地区	−	−		+	+	+	+	+
东部沿海地区	−	−	+		+	+	−	+
南部沿海地区	−	−	+	−		+	+	+
中部地区	−	−	+	+	+		+	+
西北地区	−	−	+	+	+	+		+
西南地区	−	−	+	+	+	+	+	

东北地区向北部沿海地区、东部沿海地区、南部沿海地区、中部地区、西北地区和西南地区流动。

京津地区向北部沿海地区、东部沿海地区、南部沿海地区、中部地区、西北地区和西南地区流动。

北部沿海地区向东部沿海地区、南部沿海地区、中部地区、西北地区和西南地区流动。

东部沿海地区向北部沿海地区、南部沿海地区、中部地区和西南地区流动。

南部沿海地区向北部沿海地区、中部地区、西北地区和西南地区流动。

中部沿海地区向北部沿海地区、东部沿海地区、南部沿海地区、西北地区和西南地区流动。

西北地区向北部沿海地区、东部沿海地区、南部沿海地区、中部地区和西南地区流动。

西南地区向北部沿海地区、东部沿海地区、南部沿海地区、中部地区和西北地区流动。

Ⅷ. 其他服务业产品在区域间流动情况

其他服务业产品在区域间的流动情况如表 6.30 所示。

表 6.30　其他服务业产品流向

	东北地区	京津地区	北部沿海地区	东部沿海地区	南部沿海地区	中部地区	西北地区	西南地区
东北地区		−	+	+	+	+	+	+
京津地区	+		+	+	+	+	+	+
北部沿海地区	−	−		+	+	+	+	+
东部沿海地区	−	−	+		+	+	+	+
南部沿海地区	−	−	+	+		+	+	+
中部地区	−	−	+	+	+		+	+
西北地区	−	−	+	+	+	+		+
西南地区	−	−	+	−	+	+	+	

东北地区向北部沿海地区、东部沿海地区、南部沿海地区、中部地区、西北地区和西南地区流动。

京津地区向东北地区、北部沿海地区、东部沿海地区、南部沿海地区、中部地区、西北地区和西南地区流动。

北部沿海地区向东部沿海地区、南部沿海地区、中部地区、西北地区和西南地区流动。

东部沿海地区向北部沿海地区、南部沿海地区、中部地区、西北地区和西南地区流动。

南部沿海地区向北部沿海地区、东部沿海地区、中部地区、西北地区和西南地区流动。

中部地区向北部沿海地区、东部沿海地区、南部沿海地区、西北地区和西南地区流动。

西北地区向北部沿海地区、东部沿海地区、南部沿海地区、中部地区和西南地区流动。

西南地区向北部沿海地区、南部沿海地区、中部地区和西北地区流动。

b）八大产业部门区域间流向关系

（1）总体上，多地区间存在单向流向关系。

（2）东北地区向五个区域完全流动，具体如下。

东北地区与京津地区的流向关系：除建筑业之外的产品均由京津地区流向东北地区，存在部分单向流向关系。

东北地区与北部沿海地区的流向关系：所有产品均由东北地区流向北部沿海地区，存在完全单向流向关系。

东北地区与东部沿海地区的流向关系：除建筑业之外的产品均由东北地区流向东部沿海地区，存在部分单向流向关系。

东北地区与南部沿海地区的流向关系：全部产品均由东北地区流向南部沿海地区，存在完全单向流向关系。

东北地区与中部地区的流向关系：全部产品均由东北地区流向中部地区，存在完全单向流向关系。

东北地区与西北地区的流向关系：全部产品均由东北地区流向西北地区，存在完全单向流向关系。

东北地区与西南地区的流向关系：全部产品均由东北地区流向西南地区，存在完全单向流向关系。

综上，东北地区与北部沿海地区、南部沿海地区、中部地区、西北地区和西南地区在商品进出口角度存在完全单向流向关系。东北地区对这五个地区净出口，商品由东北地区流向这五个地区。

（3）京津地区向三个区域完全流动，具体如下。

京津地区与北部沿海地区的流向关系：所有部门的产品均由京津地区流向北部沿海地区，存在完全单向流向关系。

京津地区与东部沿海地区的流向关系：除采选业和建筑业外的产品均由京津地区流向东部沿海地区，存在部分单向流向关系。

京津地区与南部沿海地区的流向关系：所有部门的产品均由京津地区流向南部沿海地区，存在完全单向流向关系。

京津地区与中部地区的流向关系：所有部门的产品均由京津地区流向中部地区，存在完全单向流向关系。

京津地区与西北地区的流向关系：轻工业，公用事业，建筑业，商业、运输业，以及其他服务业产品由京津地区流向西北地区，存在部分单向流向关系。

京津地区与西南地区的流向关系：除采选业外的所有部门的产品均由京津地区流向西南地区，存在部分单向流向关系。

综上，京津地区与北部沿海地区、南部沿海地区和中部地区在商品进出口角度存在完全单向流向关系。京津地区对这三个地区净出口，商品由京津地区流向这三个地区。

（4）北部沿海地区向一个区域完全流动，具体如下。

北部沿海地区与东部沿海地区的流向关系：除建筑业外的产品均由北部沿海地区流向东部沿海地区，存在部分单向流向关系。

北部沿海地区与南部沿海地区的流向关系：除建筑业外的产品均由北部沿海地区流向南部沿海地区，存在部分单向流向关系。

北部沿海地区与中部地区的流向关系：全部产品均由北部沿海地区流向中部地区，存在完全单向流向关系。

北部沿海地区与西北地区的流向关系：除建筑业外的产品均由北部沿海地区流向西北地区，存在部分单向流向关系。

北部沿海地区与西南地区的流向关系：除建筑业外的产品均由北部沿海地区流向西南地区，存在部分单向流向关系。

综上，北部沿海地区产品完全流向中部地区这一个区域。

（5）东部沿海地区、南部沿海地区和西北地区是主要的净流入区域。

东部沿海地区与南部沿海地区的流向关系：除采选业和建筑业外的产品均由东部沿海地区流向南部沿海地区。

东部沿海地区与西北地区的流向关系：除建筑业和其他服务业外的产品均由西北地区流向东部沿海地区。

南部沿海地区与西北地区的流向关系：除农业、采选业和重工业外的产品均由南部沿海地区流向西北地区。

（6）中部地区向四个区域完全流动，具体如下。

中部地区与北部沿海地区的流向关系：所有部门的产品均由中部地区流向北部沿海地区，存在完全单向流向关系。

中部地区与东部沿海地区的流向关系：除建筑业外的产品均由中部地区流向东部沿海地区，存在部分单向流向关系。

中部地区与南部沿海地区的流向关系：所有部门的产品均由中部地区流向南部沿海地区，存在完全单向流向关系。

中部地区与西北地区的流向关系：所有部门的产品均由中部地区流向西北地区，存在完全单向流向关系。

中部地区与西南地区的流向关系：所有部门的产品均由中部地区流向西南地区，存在完全单向流向关系。

6.4 中国产业结构升级的路径和策略分析

6.4.1 中国产业结构升级的可能路径

1. 转移制造业生产环节

从生产环节国际专业视角来看，全球价值链的升级效应有利于中国的支柱产业——制造业提升附加值。根据全球价值链理论，在生产环节国际转移过程中，发达国家主要从事研发设计、销售服务等高增加值环节，而将低增加值的加工制造等环节转移给发展中国家。这容易导致全球价值链中发展中国家的"低端锁定"。为避免陷入这种困局，中国应结合与东盟国家的实际情况，将部分制造业生产环节转移到东盟地区。促进东盟地区的经济增长和产业发展的同时，我国通过腾出生产要素进行经济转型，转型到从事研发设计等高附加值生产环节，实现自身产业结构升级。

2. 技术提升和创新驱动

从产业关联视角来看，后向关联（影响力系数）只是通过供给与其他下游部门联系，而上游产业的技术提升是推动下游产业结构升级的核心理论。根据这一理论，发展中国家能源产业技术提升可以通过推动技术进步来推动产业结构升级。中国可以与东盟国家在能源产业等领域展开合作，通过互相推动技术进步来实现产业结构升级。考虑到东盟地区国家资源丰富，尤其是以资源型产业为支柱产业，中国可以与东盟国家在能源领域进行技术合作，共同提升能源产业的技术水平，推动产业升级。

3. 区域内价值链延伸和产业集聚

中国和东盟地区可以在 CAFTA 区域内延长价值链，减轻对发达国家的依赖。加快形成区域内各国家优势互补、良性互动的产业格局，提高产业集聚水平。通过加强区域内产业链的衔接，提高产业间的协同效应，推动整个区域的产业结构升级。

总之，中国产业结构升级的路径可以通过转移制造业生产环节、技术提升和创新驱动及区域内价值链延伸和产业集聚来实现。这需要中国与东盟国家的合作和协调，共同推动产业结构升级，实现经济的可持续发展和高质量发展。

6.4.2 CAFTA 进程中中国-东盟产业合作的一些建议

1. 优化产业结构

中国与东盟许多国家同处发展中国家之列，产业结构趋同，在某些行业形成了强力的竞争。中国和东盟国家可以通过优化产业结构来避免直接的竞争，转移部分产业到相对落后的国家，利用当地的廉价劳动力资源实现产业结构的优化。这样的产业转移可以增加就业机会，提高国民收入水平。

2. 提高便利化程度

为了深化产业合作，必须提高交易的便利化程度。特别是在金融服务、信息公布等方面，需要加强合作，减少交易摩擦。同时，还要努力拓展投融资渠道，完善信息发布机制并及时披露，为产业合作提供更加便利的环境。

3. 加强基础设施建设

经济基础决定上层建筑，产业合作效率提高的关键就是基础设施的建设程度提高。政府应该积极推进基础设施建设，提高硬实力。这包括建设交通运输网络、电力和能源供应系统、通信网络等，以支持产业合作的顺利进行。

4. 加强人才培养和技术交流

产业合作需要有足够的人才支持和技术交流。中国和东盟国家可以完善人才培养机制，鼓励人员交流和合作，共同提升技术水平和创新能力。这可以通过建立联合研究机构、举办培训项目和学术交流活动等方式实现。

5. 推动绿色可持续发展

在产业合作中，中国和东盟国家应共同关注环境保护和可持续发展问题。可以加强环境合作，推动绿色产业发展，共同应对气候变化和环境挑战，实现可持续的经济增长。

综上所述，通过优化产业结构、提高便利化程度、加强基础设施建设、加强人才培养和技术交流及推动绿色可持续发展，中国与东盟可以在 CAFTA 发展进程中深化产业合作，促进双方共同发展。这些建议可以帮助促进合作的顺利进行，并为区域经济一体化提供更多机会和潜力。

6.5　本章小结

本章首先采用投入产出技术分析中国和东盟各国的产业结构。接着，采用扩展的天际图探讨了中国区域间产业结构的竞争性和互补性。研究结果表明：中国与东盟的产业可以通过合作增大双方利益，中国与东盟的产业合作有利于发挥各自的比较优势，对生产要素进行跨国配置可以进一步优化区域产业分工，从而推动产业结构转型升级。在此背景下，从国际生产分工协同发展的视角探究了我国产业的动态转化方向及可能途径，为中国和东盟地区的产业结构发展提出政策建议。

第 7 章　CAFTA 贸易便利化分析[①]

近年来,全球各经济体和学术界对贸易便利化问题的关注日益增加,原因在于各国和各地区市场的开放性越来越强。第 6 章中提到提高贸易便利化程度有助于 CAFTA 区域协同发展。区域海关的管理与操作直接影响贸易的流动性,因此,海关监管的创新被视为实施贸易便利化最为简单、直接且有效的手段之一。海关监管的创新和完善对于推动贸易的健康发展具有重要意义。海关作为一个国家的门户,承担着维护国家对外贸易安全的责任,起到保护国家经济命脉的重要角色。在当前经济贸易飞速发展的背景下,海关作为出入境的监管部门,面临着巨大的挑战和机遇,需要勇于直面挑战并紧紧抓住机遇,努力发展。

海关通过创新和完善监管措施,可以实现贸易便利化的目标,促进区域内国家之间的贸易合作和经济发展。这将进一步加强 CAFTA 区域的竞争力和可持续发展能力,为区域内的各国带来更多机遇和福祉。因此,CAFTA 成员国应当共同努力,加强合作,推动贸易便利化程度的提升,并积极探索和应用创新的海关监管措施,以实现共同繁荣和发展。

7.1　CAFTA 成员国海关环境评价

2010 年 1 月 1 日,CAFTA 正式全面启动。双方贸易增长迅速,贸易额由 2002 年的 548 亿美元增长到 2015 年的 4718 亿美元,翻了三番。中国成为东盟的最大贸易伙伴,东盟也连续四年成为中国的第三大贸易伙伴。按照《货物贸易协议》规定逐步降低关税,营造良好的海关环境成为双边贸易关注的重点。然而复杂的海关程序、不透明的审查制度等问题打击了贸易商的热情,增加了 CAFTA 贸易商的成本,严重阻碍了区域内各国贸易的发展。CAFTA 的发展离不开便捷高效的海关程序和合理的边境管理制度。如何在不损害国家安全和合法利益的基础上改善传统的海关程序和海关监管模式,是加快 CAFTA 内部贸易增长的重要因素。

---

① 本章测算时最新数据为 2015 年,无特殊标明处,均基于 2015 年的数据。

7.1.1 指标体系的构造与数据来源

1. 指标体系构造

本节参考刘主光的方法,以海关环境为视角,从进出口不合法开支、海关程序负担、贸易壁垒三个方面分析 CAFTA 国家海关环境的现状。

2. 数据来源

进出口不合法开支、海关程序负担、贸易壁垒三个指标来源于世界经济论坛发布的《全球竞争力报告》。为反映海关环境现状,构建如下指标:

$$\text{index} = \frac{x_i - \min(x_1, x_2, \cdots, x_n)}{\max(x_1, x_2, \cdots, x_n) - \min(x_1, x_2, \cdots, x_n)} \tag{7.1}$$

index 指数为 0,表示该国该项指标是世界范围内最差的;index 指数为 1,表示该国该项指标是世界范围内最高的。index 指数反映了该国该项指标在世界范围内的海关环境水平。

7.1.2 对 CAFTA 各国的海关环境的评价与分析

根据 7.1.1 节,表 7.1 为原始指标数据,我们构建的评价指标见表 7.2。

表 7.1 原始指标数据表

国家	贸易壁垒	海关程序负担	进出口不合法开支
文莱	4.0	3.8	5.1
柬埔寨	4.2	3.1	3.0
印度尼西亚	4.2	4.0	3.6
马来西亚	4.9	5.1	4.8
菲律宾	4.5	3.2	3.2
新加坡	5.8	6.2	6.7
越南	3.9	3.5	3.3
泰国	4.3	3.8	3.7
中国	4.3	4.4	4.3
最大	5.8	6.2	6.8
最小	2.6	2.1	1.9

表 7.2　评价指标测算

国家	贸易壁垒	海关程序负担	进出口不合法开支
文莱	0.4375	0.4146	0.6531
柬埔寨	0.5000	0.2439	0.2245
印度尼西亚	0.5000	0.4634	0.3469
马来西亚	0.7188	0.7317	0.5918
菲律宾	0.5938	0.2683	0.2653
新加坡	1.0000	1.0000	0.9796
越南	0.4063	0.3415	0.2857
泰国	0.5313	0.4146	0.3673
中国	0.5313	0.5610	0.4898

注：世界平均水平为 0.5

2015 年，CAFTA 区域内除了文莱和越南两国贸易壁垒评价指标得分低于 0.5，其他各国基本都在 0.5 以上，但这两国得分也接近世界平均水平。在海关程序负担指标中，只有马来西亚、新加坡和中国这三个国家的得分高于 0.5。在进出口不合法开支指标中，只有文莱、马来西亚和新加坡三个国家的得分高于 0.5。值得注意的是，新加坡是唯一一个三项评价指标得分均接近于 1 的国家。

总体而言，新加坡的海关环境表现最优，其次是马来西亚，越南的表现最不理想，得分均低于世界平均水平。新加坡的海关环境不仅在东盟地区是最优的，在全球范围内各项指标都位列前茅。只有越南的三项指标均未达到世界平均水平，越南的海关环境在全球范围内排名较低。柬埔寨、菲律宾和印度尼西亚这三个国家的海关环境水平也较为不理想。文莱和中国的整体海关环境水平接近世界平均水平。

7.2　CAFTA 国家通关方面存在的问题

1. 检验检疫时间长

CAFTA 区域内货物送检后需要等待一个星期才能出结果。有些货物通关时，海关可能需要进行其他的检验，导致检验时间长达数周。

2. 海关手续单证多

办理 CAFTA 进口货物的海关手续除了需要进口货物报关单、商业发票、装箱单、进口提货单据和相关外贸管制许可证件外，还需要提交已在我国海关签章备案的东盟成员国官方机构签发的原产地证明书。如果货物是由两个或两个以上的国家生产的，还需要对货物的原产地做进一步的说明解释。

3. 涉证涉税商品通关手续复杂

涉及证书和税收的商品在通关时采用纸质通关方式，相比于无纸通关方式，涉证涉税商品需要进行现场交单、纸质通关查验及缴纳税费等烦琐的工作流程。

这些问题导致了通关过程中的延误和不便，给贸易商带来了额外的成本和负担。改善通关环境对于促进 CAFTA 地区内贸易的发展至关重要。通过简化和优化通关程序，减少贸易壁垒，加强合作与协调，CAFTA 国家将能够提升整体的贸易便利化水平，进一步推动区域内贸易的繁荣和发展。

7.3 构建 PPRC 模型分析国际海关监管创新

传统的海关监管理念及模式在一定程度上已经很难适应现阶段经贸合作的快速发展。海关监管模式的创新变得越来越重要，海关监管模式的改革和创新是十分迫切且必要的。改革一方面是解放生产力，另一方面是利益格局的调整。发达国家在海关监管方面积累了许多成功经验。通过研究各国海关监管情况并进行国际比较，我们可以总结发达国家在监管创新方面的方法。同时，对中国-东盟地区在海关监管方面存在的问题进行思考，并找出解决这些问题的思路和方法。

7.3.1 PPRC 模型的建立

海关在管理方面面临一个重要的挑战，即如何在严格和高效之间取得平衡。这个平衡点的确定至关重要，海关监管理念直接影响着平衡点的确定。海关监管模式和手段的变化及风险管理的把控主要源自监管理念的变化。便利化程度在一定程度上也是监管理念的成果。监管理念在海关监管评价中起着基础的指导作用。

风险管理是海关监管服务的核心环节。海关功能的扩展使得海关在风险管理方面面临不断升级的挑战，创新和改革是海关风险管理转型的迫切需求。在这种背景下，海关不能仅依赖自身的力量，而是必须积极参与国际交流与合作。通过借鉴全球各国海关先进的风险管理的理念与手段，并结合自身需求，探讨出适合中国-东盟地区海关发展的风险管理模式，从而有效应对 CAFTA 海关风险管理中的问题。

海关制定的监管模式是在企业分类和担保机制的基础上提高监管效率。海关的监管模式与手段必须要适应外在环境和物流体系的发展需求，不断进行创新。世界上先进的海关监管模式和手段提供了诸多可借鉴的经验。

贸易便利化是经济全球化发展的必然趋势。众所周知，贸易便利化能够显著降低内贸和外贸两个方面的交易成本。贸易便利化旨在为国际贸易活动创造一个简化、便利的基础环境。海关在国际供应链中扮演着不可或缺的角色。海关有着在保证国家主权和贸易环境安全的前提下提高效率的重要责任，采取有效手段确保国际贸易安全与便利是海关的重要任务。

在本节中，我们建立了 PPRC 模型，并根据此模型对各个国家海关监管进行了梳理和比较。如图 7.1 所示，该模型以监管理念（philosophy）为指导，以监管模式与手段（pattern and means）为核心，以风险管理（risk management）为中心环节，以便利化模式（convenience mode）为导向。在 PPRC 模型基础上我们梳理了各国海关监管的基本情况，并对中国-东盟地区海关的改革路径进行了探索。

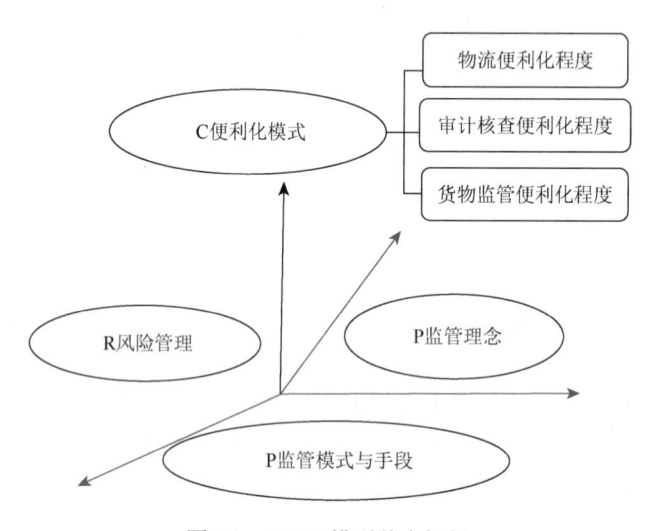

图 7.1 PPRC 模型基本框架

7.3.2 基于 PPRC 海关监管的国际比较

1. 监管理念

1）基本理念

在国际海关监管理念方面，普遍采用的基本理念可以概括为"一线放开，二线管住，区内不干预"。

"一线放开"意味着境外的货物可以自由地进入和运出自由贸易区。

"二线管住"指的是货物从自由贸易区进入国内非自由贸易区，或从国内非自由贸易区进入自由贸易区时，海关依据本国规定征收相应的税。

"区内不干预"意味着区内的货物无须经过海关审批，可以自由流动、加工、储存和买卖，只需备案。

A. "一线放开"海关监管情况

从国外海关监管实践来看，"一线"海关监管主要实行货物出入自由政策。通常包括以下几个方面。

一是从境外入自贸港的货物不受量、径、质、原产地等条件的限制。

二是境外入自贸区的货物在需要向海关交验单证时，仅需出示载明货物主要项目的官方单证。

三是对入自贸区的货物无须进行担保。

四是对入自贸区的货物实施的监管仅为确定货物的合法性及单证与货物的一致性。

五是海关禁止或限制运入自贸区的货物的理由仅包含几种类型。例如，美国海关规定从境外进出货物不必报关和征收关税。

B. "二线管住"海关监管情况

"二线"通常被视同进出口线。国外"二线"监管主要具备两个特征。一是实行与其他关境相同的法律法规。二是设置隔离设施使自贸区与非自贸区隔开。

"二线"的主要作用是吸引企业进入、促进物流活动、促进贸易繁荣和经济发展，因此在激励措施方面相对本国或本地区其他地方更具优惠性。例如，德国汉堡港设置了一条围墙，上面设有 37 个进出关卡，海关人员在关卡处进行巡视查验。

C. "区内不干预"海关监管情况

"区内不干预"主要是指区内的货物可以自由流动，无须海关批准，只需备案。海关监管的重点在于自贸区内的各项作业。一般情况下，自贸区内的企业（生产企业、经营企业）有义务向海关申报货物情况，海关有权对仓库存货和有关账目随时进行查验。为促进海关与自贸区内企业之间更加紧密合作，海关从自贸区设立开始就参与规划和开发工作，并派驻关员长驻自贸区，为自贸区内企业提供帮助和指导。

2）法律制度

在国际上，大部分发达国家和地区采用"先立法、后设区"的方式，例如美国和欧盟。有些国家针对特殊监管区域通常有专门的立法，如美国、土耳其、智利和新加坡。有些国家的立法属于国家级别，如美国。这种"先立法、后设区"的模式的优势在于立法先行，设区后立法则可以不断调整以适应区域内建设和发展的需要。

与发达国家相比，发展中国家主要采取了"先设区、后立法"的方式。也有一些国家采用"先设区、后完善法"的方式，如印度坎德拉出口加工区。

2. 监管模式与手段

1）美国海关的监管模式和手段

美国对外贸易区设计的基本思路是在海关口岸附近划定一块地方，该地方被认为是"境内关外"，进入此地方的货物不受美国海关法的约束的同时还无须纳税。

美国对外贸易区采取的是境内关外、适度监管的海关监管模式。其做法是：①以使用者知法守法为前提；②以提供服务为指导思想；③在联邦管理层次上行政与海关合二为一，各州和市所辖的对外贸易区相对独立。

2）英国海关的监管模式和手段

以费利克斯托港为例，分析英国海关的监管模式。费利克斯托港是英国最大的港口，但并非自由港。海关要求货物出入保税仓必须进行申报，经海关批准后，可以采取简化申报形式，凭借会计记录通关。然而，这些简化通关方式后续仍需补交相关单证（纸质版或电子版均可）。

3）德国海关的监管模式和手段

德国采取一次申报集中保管制度进行监管。这意味着所有进出或转运的货物在港区装卸、转船和存储不受限制。货物进出无须立即申报和查验，储存时间也没有上限。只有当货物进入欧盟时才需要向海关缴纳税款。

例如，汉堡港提供了宽松环境，挖掘政策联动的效应。其主要做法有：一是提供优惠的关税条件。汉堡港可开展货物转船、储存、流通等业务，有许多优惠的政策，如出入自由港时的船只若是在船上挂了一面"关旗"便不受海关干涉；转运的货物在自由港装卸、转船和储存不受海关限制，无须立即申报与查验，45天之内转口的货物不需要记录；货物只有从自由港输入欧盟市场时才需向海关结算并交税。二是具有完善的监管环境与手段。德国汉堡港实行港区合一，有专门机构负责管理具体事务。

4）荷兰海关的监管模式和手段

荷兰港口拥有先进的海关监管模式，海关设施齐全、税收十分优惠，保税仓内的企业可以自由加工。在通关方式方面，荷兰海关提供 24 小时通关服务（除周日），同时支持先存储后报关和其他便利化通关程序，以方便企业操作。荷兰海关还设计了高效且灵活的保税仓储与货物运输制度，将保税仓和全国运输系统联结成一个整体网络，为企业提高效率提供更多机会，从而提升荷兰的经济综合实力。荷兰的保税仓还采用了分级监管模式，根据企业的信誉进行分级，对信誉好的企业只需定期查验，查验次数与信誉成反比，间隔时长与信誉成正比，主要查验文件，只在必要时进行实物查验。

第7章 CAFTA 贸易便利化分析

5）韩国海关的监管模式和手段

随着国际贸易的快速发展，韩国海关为提高监管效率，注重研究开发电子数据交换系统，并建立了"单一窗口"，致力于实现"无所不在的海关"目标。韩国海关成功研发并应用了电子通关系统 UNI-PASS，该系统包括出口通关系统、进口通关系统、关税征管系统、进/出口货物管理系统、关税退税系统和"单一窗口"通关系统等七个与海关监管相关的系统。这些系统相互关联，协调一致，在韩国的进出口电子通关方面发挥核心作用。

韩国海关于 2005 年建立"单一窗口"，提供办理所有通关手续的"一站式服务平台"。贸易商只需提交一次申报数据，即可达到政府规定的要求。韩国海关还广泛利用互联网技术，拓展电子数据交换系统的服务功能，建立便捷、经济的互联网通关门户。通过该门户，客户可以随时通过互联网办理通关手续，享受无障碍的通关服务。

6）智利海关的监管模式和手段

以智利伊基克自由贸易区为例，区内海关的主要职责是对货物出入及转口的手续进行审核，并不直接监管企业。自贸区管委会和海关在联通的电脑上按各自的法律法规行使职权。

美国、英国、德国、荷兰、韩国和智利海关的基本监管模式和手段如表 7.3 所示。

表 7.3　国际海关基本监管模式和手段

项目	基本监管模式和手段
美国海关	以使用者知法守法为前提，以提供服务为指导思想，进行适度监管，24 小时通关服务
英国海关	进出保税仓库的货物必须进行申报，但简化形式。 简化、减少申报内容/凭会计记录通关
德国海关	一次申报的集中保管制度 （优惠的关税+高效的管理环境与完善的监管手段）
荷兰海关	24 小时通关服务（周日除外）、先存储后报关。 为提高效率设置专门机构和制度
韩国海关	以 UNI-PASS 为公共通关平台。 广泛应用互联网技术，建立便捷、经济的互联网通关门户
智利海关	自由贸易区内商品进出口实行零税率。 对自由贸易区内的外资企业与内资企业在税收上一视同仁

图 7.2 将国际发达地区的先进海关监管模式和手段总结为六点。

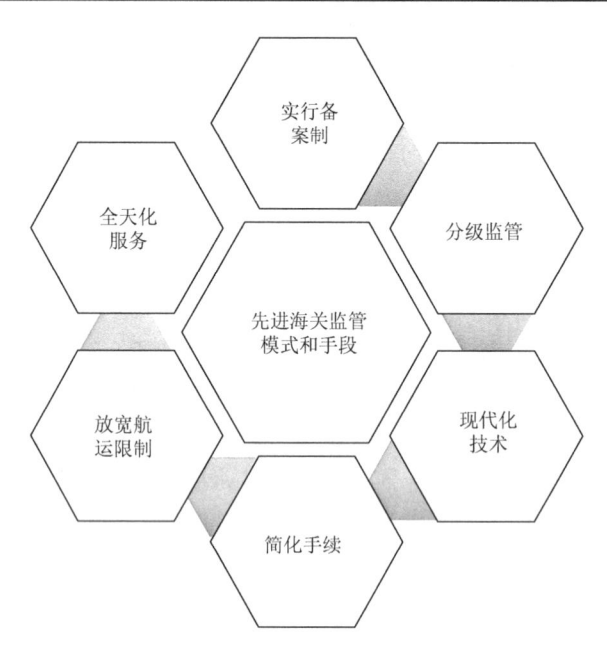

图 7.2 先进海关监管模式和手段的特点

（1）以使用者知法守法为前提实行备案制。在海关监管模式的设计方面，对企业的自律给予充分信任，但对违法经营者严加惩处。如美国对外贸易区充分相信入区企业的自律，但对违法者的处置严厉到破产的程度。

（2）不以传统的货物为监管单元。监管单元由货物转为企业，进行分级监管的同时，对账册而非实物进行监管进而提高通关效率。如美国采取审计检查式查验，荷兰实行保税仓分级监管模式。

（3）利用现代化技术实行监管。例如，美国采用计算机全程监管控制与监督极大地提高了效率。荷兰鹿特丹港通过橙、红、绿、白四色灯对风险进行分级，借助计算机程序实现自动分级。新加坡也有类似的网络系统，几分钟即可完成通关。

（4）简化手续，提供一站式通关服务。例如，美国的对外贸易区、德国的汉堡港都采用集中报关的方式，一站式通关大大提高了效率。

（5）对运输和货物给予最大程度的自由。例如，汉堡港提供自由的管理措施，出入该自贸港只要在船上挂一面"关旗"就不受海关的任何干涉，出入或转口的货物在自贸港装卸、转船也不受海关的限制，同时 45 天之内转口的货物无须记录。

（6）以人为本提供便利化服务。美国、荷兰、德国和新加坡都提供 24 小时营运服务。新加坡连节假日也照常通关，并定期举办货物通关相关课程。

3. 风险管理

风险管理是海关监管的重要工具,是海关工作的基础。部分国家海关风险管理方面的措施如表 7.4 所示。

表 7.4　国际先进海关基本的风险管理

项目	基本的风险管理
美国海关	海关-商贸反恐怖联盟（Customs Trade Partnership Against Terrorism，C-TPAT）的关企合作手段、系统与人工甄选相结合的风险分析模式、告知守法和强制守法相结合的风险处置手段
英国海关	分类风险监管、海关工作人员合理分配（管理组、反走私组和机动组）
澳大利亚海关	专业团队集中培训、风险集中管理、不同企业区别对待
荷兰海关	战略、战术、操作层不同的风险规划；成熟的风险分析方法——"货到前"分析手段；聘请非海关专家，规范风险布控处置流程
日本海关	开发日本自动化货物和港口综合系统(nippon automated cargo and port consolidated system, NACCS) 和海关情报数据库系统（customs intelligence database system，CIS）；实施企业守法风险评估；大力推行经认证的经营者（authorized economic operator，AEO）制度

1）美国海关

"9·11"事件后，美国海关在监管上采用贸易链和风险管理相结合的方式进行风险管理改革，主要包括如下三方面工作。

A. 海关-商界合作研制反恐系统

主要通过 C-TPAT 系统完成。通过 C-TPAT，美国海关和边境保护局（U.S. Customs and Border Protection，CBP）与商界共同建立了这个基于供应链的管理系统提升了安全系数。该系统的成功研发保证了货物、讯息等在整个供应链上的安全运输，达到防止恐怖分子介入的目的。

B. 系统与人工甄选相结合的风险分析模式

美国海关和边境保护局于 2002 年开发出风险自动分析系统。先是通过此系统对出入境的申报货物数据进行自动分析，接着工作人员根据系统结果和自身经验对货物进行处理。此系统由国家监控中心和海关共同使用，并且要求海关必须依照系统结果进行裁决。

C. 告知守法与强制守法相结合的风险处置手段

告知守法表现为：海关有义务向管理人普及海关的监管要求，由管理人自觉纠正自身的行为偏差。在告知守法的基础上，若是出现不自觉的企业，一旦其违法，海关便需要要求它强制守法。

2）英国海关

每个保税仓库采取不同的监管方法，分类依据为贸易商的历史记录及保税仓库的类、货物种类等。E 型保税仓由批准机构与所在地的海关共同监管。以费利克斯托港海关为例，一半员工从事程序化工作，即进出口通关等管理工作，另一半从事反走私工作，反走私活动组下面又进行细分，使得每个组都有自己的任务的同时，组与组之间可以进行良好的沟通衔接。

3）澳大利亚海关

A. 专业化的团队建设

澳大利亚海关采用专业化的员工职业发展培训方式，不仅要从职业技能上对员工进行指导，还要从心态上加强员工的认同感。在这一点上澳大利亚海关比较成功。

B. 丰富的风险管理手段

一是采取集中管理制度。二是对每一件出入境货物都要进行风险查验，绝不允许不符合规定的货物在边境流动。三是对企业进行实时风险监控，发现企业出入境异常立刻处理。四是研制不同权重的风险赋值方案，对不同的风险指标给予相应的权重，非等权累加确定最后的风险系数。五是采取多样化的措施，主要包括：风险回避、风险降低、风险对冲和风险承担。风险回避：海关对商界企业进行思想上的宣传教育，力图使企业进行主动风险回避。风险降低：建立风险预报系统，专注于事前分析。风险对冲：在事前分析的基础上，为风险值低的企业简化手续，达到快速通关目的。风险承担：管理人有义务保存商业单证 5 年、通信记录 1 年。

4）荷兰海关

A. 战略、战术、操作层的风险规划

战略层风险分析是一种以中期管理为目标，主要为高管理层服务的理论性风险分析。战术层风险分析是一种以短期管理为目标，主要为海关实际监管服务的风险分析。操作层风险分析则以最新动态为基础，对具体目标进行实时分析。

B. 采用事前分析——"货到前"分析手段

荷兰海关要求管理人的船只到达港口 48 小时前、飞机到达港口数小时前就要向海关提交申报单。海关依据申报单和管理人过去的通关数据对其进行"货到前"分析，对货物进行有效防控，保障船只到达前审核完成。这样在保障安全性的前提下提高了通关效率。

C. 规范的处置流程

荷兰海关情报信息分析中心采用自动化报关系统，对企业进行风险评估。根据系统评估结果选择不同的处理方式。他们建立了规范的风险分析及处理运作机制，为保证分析的准确无偏，海关会聘用局外人，即非海关专家进行审核，对海关专业专家的分析进行评估。

5）日本海关

A. 开发了自动化的管理系统

日本海关采用两大系统，即 NACCS 和 CIS 对通关流程中的企业进行风险管理，企业可以通过两大系统自动报关，简化操作和人员配置。

B. 对企业进行风险评估

海关对出入境的企业采用专业的系统的风险评价机制，风险评估主要包括五类指标，即企业的经济情况、企业的组织架构、企业之前的通关情况、企业的出入境税收情况、企业的监管概况。五个大类中的每一类又细分为 N 个指标，对每个指标进行评估并赋予相应权重，依据权重获得企业的最终风险评分，按照评分对企业进行分级管理。

C. 推行 AEO 制度

推出这个认证制度的目的在于给予部分企业更为便利、简捷的通关方案。符合认证条件的企业在出入境时的申报程序得到了简化，可以先行提货优先使用仓库，最后再缴税。

综观发达国家海关在风险管理方面的措施，可以将它们成功的经验概括为以下三点。

一是理念先进。多数采取主动的风险防控手段，以预防性监管为主。它们将预防的机制贯穿于海关工作人员和管理人的思维中，整个监管流程也都在强调这一点。这种先进的理念使得海关能够更早地发现和应对潜在的风险。

二是手段前沿。部分国家对企业进行风险分级，并采取不同的管理手段来应对不同级别的企业。通过区别对待，从源头上实施海关监管最大程度地降低风险。此外，一些国家还采取了"货到前"风险分析手段，大大提高了企业的通关效率。

三是法制健全。部分国家将告知守法与强制守法相结合，在提高企业自治和简化通关手续的基础上保证风险防控的严密性、可靠性和安全性。它们建立了健全的法律框架和监管机制，确保了风险管理的有效性和合法性。

4. 便利化模式

便利化模式指的是简化海关的管理措施和手段。此举旨在为企业提供更方便舒心的通关历程，简化交易程序，降低交易成本，提高通关效率，为贸易便利化创造良好且协调的环境，增进世界福利。

就国外便利化模式而言，主要分为三个部分（图 7.3）：一是物流便利化程度；二是审计核查便利化程度；三是货物监管便利化程度。这些措施有效地促进了贸易的便利化，为企业提供了更好的通关环境，同时也提高了海关的监管效率。

1）物流便利化程度

这方面的措施主要着眼于简化物流流程、缩短货物的停留时间和降低物流成

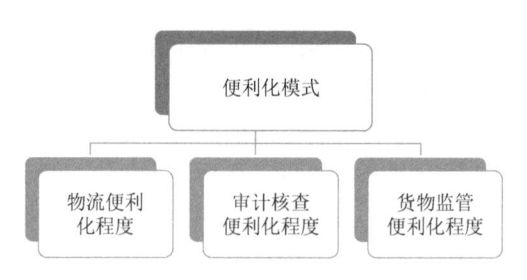

图 7.3　海关监管的便利化模式

本。美国海关主要实行了两大物流便利政策：直通程序和周报关制度。欧盟地区主要有两方面举措："单一窗口"制度和"电子海关系统"。德国海关部门对自贸港采取非常自由的管理模式，对进出港区的船只给予最大限度的自由，这种自由贯穿货物卸船到再装运的全过程。

2）审计核查便利化程度

为了提高企业的自律性和诚信度，一些国家采取了审计核查便利化的措施。通过对企业进行风险分级和信用评估，对高信用度的企业降低审计和核查的频率，降低其通关成本，缩短其通关时间。这种措施既减轻了企业的负担，也提高了监管的效率。美国海关对货物监管已经从逐票逐单的监管方式转为审计核查方式。海关不再保存库存记录，也无须定期查验。主要通过审计核查的方式进行管理，审计工作由专业的审计师进行。海关可以进行现场核查，无须对企业进行事先通知，核查的内容主要包括货物的交易情况、货物的种类及安全性等。另外，专业审计和现场核查保持独立且协同的态势，这种便利化制度在节约海关工作人员配置的同时也为企业提供了高效便利的通关环境。欧盟地区采用海关货运简化手续（customs freight simplified procedures，CFSP），主动向海关申请授权的企业可以通过 CFSP 简化通关手续。

3）货物监管便利化程度

在货物监管方面，一些国家采取了措施简化海关的监管程序，降低对货物的物理检查和实物查验的频率。通过利用现代化信息技术，例如电子数据交换系统和风险分析工具，加强对货物的预审和筛选，实现更快速、准确地通关。这样可以提高海关的监管效能，缩短货物通关的时间并降低通关成本。美国的策略为对国内货物开放，对进入对外贸易区的货物进行分类，对不同类别货物采取不同的管理程序。进入对外贸易区的货物在未加工前，可申请成为"优惠的国外状态"。关境内只为出口、储存的货物，可申请成为"贸易区受制状态"。设定好状态的货物既不能改变状态，也不能进行其他处理。没有申请为"优惠的国外状态"的货物在进入美国关境时，按入境时的税号和税率进行缴税。分类监管可以在保证海关监管的严密性和安全性的基础上，降低企业成本，提高企业通关效率。

根据《欧洲共同体海关税则》的规定，共同体货物是指完全在欧盟内部制造、原材料不来自任何第三国的货物；从第三国进口但在欧盟海关区完全自由流通的货物；在欧盟海关区内，由上述货物进行再生产、再制造的货物。对于需要在不同成员国之间运输的货物，必须遵循内部运输程序，并备齐各自的报关单。

关税适用于从第三国进口或向第三国出口的货物。一旦货物进入欧盟关税区并自由流通，将使用共同对外关税（common external tariffs）。征收的进口关税数额根据货物的种类和来源国家的规定而定，相关法律有明确规定。当需要征收增值税或其他税种时，征收对象仅限于接受该货物并将其用于消费的国家。对于进口国，可以申请获得欧盟关税配额，该配额允许进口国在一段时间内以低关税或零关税进口特定数量的某种货物。进口国还可以获得适用于特定货物或来自特定国家的特定货物的关税配额。

德国汉堡港建立了港口情报系统，不仅实现了港内的数据交换，还促进了各种运输方式之间的协作。

新加坡自贸区的功能相对简单，货物可以在同一自贸区内自由运输，不受海关干涉。当货物进入自贸区时，可以凭借过境提单直接办理通关手续。

美国和欧盟海关监管在便利化方面的措施主要如表 7.5 所示。

表 7.5　美国和欧盟海关监管的便利化措施

项目	物流便利化措施	审计核查便利化措施	货物监管便利化措施
美国海关	直通程序＋周报关制度	实际监管方式转为审计核查方式	对国内货物开放策略，设定货物分类状态
欧盟海关	"单一窗口"制度＋"电子海关系统"	采用 CFSP，电子申报	不同类别货物遵循不同法律规章

7.4　对 CAFTA 区域提升贸易便利化的建议

1. 确立以"人为本、服务大众"的执政理念

CAFTA 成员国的海关应致力于提供高效、便捷的服务，以促进经济贸易的发展并确保国际贸易的安全性。转变观念，注重提升海关在成本、质量、速度和服务等方面的水平将有助于提高贸易便利化水平。

2. 完善 AEO 制度，促进海关与企业关系的变革与发展

企业在海关监管中扮演着重要角色，应推动其与海关之间关系的平等化，发挥企业的主观能动性。借鉴其他国家的经验，建立平等互惠的海关-企业合作机制是 CAFTA 成员国海关的紧迫需求，有助于实现高效的通关。当前，中国已在 AEO

制度上取得了一定进展，但仍存在改进的空间。需要建立系统化的 AEO 便利化体系，并尽快与主要贸易伙伴国家实现 AEO 互认。同时，要考虑中小型企业的特殊需求，设计适用于它们的 AEO 制度。

3. 统一 CAFTA 双边检验检疫标准，开通 CAFTA 双边海关合作平台

从 2008 年开始中国和东盟就努力统一检验检疫标准。CAFTA 成员国应努力实现双边检验检疫标准的统一化，以便各国按照统一标准进行生产合作，提高效率。同时，建立双边海关合作平台，实现双方信息共享，缩短通关时间。

这些建议旨在促进 CAFTA 区域内的贸易便利化，提高通关效率和服务质量。通过采取这些措施，CAFTA 成员国可以加强合作，降低交易成本，提升国际竞争力，并促进区域内贸易的繁荣。

7.5 本章小结

近年来，随着各国和各地区的市场的开放性越来越强，贸易便利化问题已引起全球经济体和全球学者的共同关注。区域海关的管理与操作直接关系着贸易的流动性，海关监管的创新是实施贸易便利化最为简单直接且有效的手段之一。海关监管的创新和完善可以促进贸易更加健康地发展。CAFTA 的发展离不开便捷、高效的海关程序和合理的边境管理制度，如何在不损害国家安全和合法利益的基础上，改善传统的海关程序和海关监管模式，是加快 CAFTA 内部贸易增长的重要因素。

在评价 CAFTA 国家的海关环境时，发现新加坡在海关环境评价中表现最优，其次是马来西亚、文莱和中国，而越南的海关环境则相对较差。其他国家如柬埔寨、菲律宾和印度尼西亚的海关环境也相对不够理想。马来西亚、文莱、泰国和中国的海关环境整体水平接近世界平均水平。

针对 CAFTA 成员国通关方面存在的问题，例如检验检疫时间长、海关手续单证多及涉证涉税商品通关手续复杂等，可以借鉴发达国家在海关监管方面的成功经验。在构建海关监管创新思路时，可以以监管理念为指导，以监管模式与手段为核心，以风险管理为中心环节，以便利化模式为导向，采用 PPRC 模型进行探讨。通过这种方式，可以提出促进贸易便利化的政策建议，以推动 CAFTA 区域内贸易的发展。这些政策建议旨在帮助 CAFTA 成员国改善海关监管环境，促进贸易便利化。通过海关监管的创新和完善，可以提高通关效率、降低贸易成本，并为 CAFTA 区域内的贸易增长提供良好的环境。

第 8 章 总结与未来研究展望

CAFTA 是中国同其他国家建设的第一个自由贸易区,同时东盟国家处于"一带一路"的陆海交汇地带,是中国推进"一带一路"建设的优先方向和重要伙伴,其经济效应的好坏在一定程度上会影响中国与其他地区的贸易发展。系统、准确地衡量中国与东盟之间的贸易情况,有助于科学评估双方在全球价值链中所处的位置,了解 CAFTA 对外贸易具有相对优势或劣势的产品,为确定中国-东盟地区的发展方向提供理论依据,也为我国的对外贸易谈判和政策制定提供有价值的参考建议。

8.1 主要研究工作和结论

中国-东盟地区贸易飞速发展给全球其他国家带来了挑战与压力,一些西方国家提出了"中国-东盟威胁论",他们谎称 CAFTA 的快速发展是以损害世界其余国家的经济利益为基础的。那么,CAFTA 的建立到底是贸易创造还是贸易转移?这是一个值得研究的重要问题。本书的第 3 章通过结合 DID 模型与贸易引力模型对全球经济视角下 CAFTA 建立引致的贸易效应进行了测算。测算结果显示:CAFTA 的建立不仅会对区域内成员国产生正向影响,也会为全球经济带来贸易创造效应。实证结果抨击了西方所谓的贸易威胁说,为我国进行贸易谈判时提供理论依据。研究结果还显示:两国的 GDP、两国之间的距离及是否有共同语言是影响 CAFTA 成员国内部贸易的重要因素。所以成员国应该在努力发展自身经济的同时,注重贸易壁垒的降低,尽量减少贸易摩擦,提高贸易便利化程度。

随着国际贸易分工不断深入,中间品贸易飞速发展,产品的生产经常跨越多个国家,因此以贸易总量为标准的传统贸易统计存在着重复计算问题,这会严重扭曲"贸易不平衡"。在新的国际产业分工格局下,中国和东盟是全球价值链和生产网络的重要节点。中国和东盟之间的经贸合作以全球价值链为基础,表现为出口结构特殊,中间产品在贸易总额中占比较大,总体处于全球价值链低端环节。为避免总量测算带来的重复计算问题,本书采用增加值方法测算贸易效应。本书第 4 章在不需要额外平衡的情况下,利用 GTAP 8.0 数据库构建数据口径一致的地区(国家)投入产出表,弥补了东盟地区没有数据口径一致的投入产出表的空白,为核算贸易中的实际利益所得提供了有力工具。目前对中国-东盟出口方面的研究大多集中在定性分析角度，定量分析的研究也大多基于总量视角。第 5 章基于中国投入产出表和第 4 章编制的东盟地区投入产出表，从国家（地区）整体及细分部门层面测算了中国与东盟地区的贸易增加值情况，克服了重复计算问题。研究发现：中国从马来西亚进口带来的增加值最高，从柬埔寨进口带来的增加值最低；2010 年中国从其他东南亚地区进口带来的单位进口增加值最高，2011 年从印度尼西亚进口带来的单位进口增加值最高，这两年从新加坡进口带来的单位进口增加值均最低；中国从东盟地区进口给各个地区带来的增加值和单位进口增加值顺序不完全一致；东盟各地区增加值主要体现为劳动报酬。

在区域经济一体化的进程中，不同地区展现出了不同的贸易发展水平。本书第 6 章首先采用投入产出技术分析中国和东盟各国的产业结构。接着，采用扩展的天际图探讨了中国区域间产业结构的竞争性和互补性。研究结果表明：中国与东盟的产业可以通过合作增大双方利益，中国与东盟的产业合作有利于发挥各自的比较优势，对生产要素进行跨国配置可以进一步优化区域产业分工，从而推动产业结构转型升级。在此背景下，探究了我国产业的动态转化方向及可能途径，为中国和东盟地区的产业结构发展提出政策建议。

近年来，随着各国和各地区的市场开放性越来越强，贸易便利化问题引发了全球各经济体和学术界的极大关注，海关监管创新是实施贸易便利化最为直接且有效的手段之一。如何在不损害国家安全和合法利益的基础上，改善传统的海关程序和海关监管模式是加快 CAFTA 内部贸易增长的重要因素。本书的第 7 章对这一问题展开了系统的研究。首先对 CAFTA 国家海关环境进行评价，研究发现：海关环境评价中表现最优的是新加坡，其次是马来西亚，海关环境最不理想的国家是越南，相对不大理想的国家包括柬埔寨、菲律宾和印度尼西亚，文莱和中国的整体海关环境水平接近世界平均水平。接着，基于成员国现有通关方面存在的检验检疫时间长、海关手续单证多及涉证涉税商品通关手续复杂等问题，借鉴发达国家在海关监管方面已经取得的成功经验，构建以监管理念为指导，以监管模式与手段为核心，以风险管理为中心环节，以便利化模式为导向的 PPRC 模型探讨了 CAFTA 区域内海关监管创新思路，并对区域内提升贸易便利化提出了政策建议。

8.2 未来研究展望

20 世纪 80 年代以来，贸易自由化和区域经济一体化的迅猛发展加快了全球经贸合作，全球化、一体化成为研究焦点所在。为了实现经济更快速地发展，建立各类优惠经贸合作关系逐渐成为诸多国家的政策选择。为了打破西方的贸易封锁壁垒，我国积极实施贸易多元化政策，不断加强国际经济合作，特别是加强与周边邻国的经贸合作，CAFTA 应运而生。自 2002 年双方签署协定以来，中国和东盟各国的生产能力不断提高，双方经贸合作关系迅速发展。中国和东盟货物贸易额占中国货物贸易总额的比重从 2002 年的 8.82%提升至 2022 年的 15.5%。中国已连续 14 年成为东盟最大的贸易伙伴，东盟也自 2020 年起连续三年成为中国最大的贸易伙伴。中国和东盟以中间品贸易为主，基本上处于全球价值链的低端。考虑到中国和东盟国家相似的产业结构，加上区域内需求不足，严重依赖欧美等需求市场的情况，未来贸易发展可能面临一些潜在风险。在全球价值链重构背景下，中国和东盟如何以共赢之力推进全产业链升级，促进区域贸易健康发展，对于深化区域发展具有重要意义。

近年来，由于西方发达国家长期存在的不同区域和不同阶层之间利益分配不平衡问题，各类矛盾不断爆发，经济全球化遭遇逆流。叠加新冠疫情冲击、地缘政治冲突升级和全球经济持续低迷，产业链和供应链都受到了冲击，全球经贸合作面临的形势正在发生深刻变化。为了应对危机和解决就业问题，西方发达国家掀起了"制造业回流"浪潮，生产全球化逐步被区域化取代，全球价值链发生重构。在这样的背景下，多边贸易陷入了僵局，中国和东盟地区严重依赖发达国家主导的国际需求市场，暴露了自身价值链的脆弱性，受到了较大冲击。与之相对的是，我国提出的"一带一路"倡议促进了区域产业链、供应链和价值链的融合，为遭遇逆流的经济全球化带来了一抹亮色。2022 年 RCEP 正式生效，也为区域合作注入了一针"强心剂"。东盟国家是中国推进"一带一路"建设的重要伙伴，也是 RCEP 的发起者和重要参与方。在全球价值链重构的背景下，中国和东盟如何通过 RCEP 和"一带一路"倡议促进区域内产业合作升级，推进区域经济协同发展？我国如何通过"一带一路"突破"低端锁定"的路径，实现产业升级及引领全球价值链发展？如何构建以中国为枢纽的新型全球价值链？如何在实现产业升级的同时构建以我国为主的供应链，保障产业链供应链的安全可控？对这些问题的研究对重构贸易公平、地位对等的全球价值链分工体系具有重要的理论意义和现实意义。

以中国为代表的发展中国家在嵌入全球价值链生产网络时，鉴于资源禀赋的客观条件，主要承接价值链低端的加工组装环节，容易造成不容忽视的环境污染问题。商务部在发布的《"十四五"对外贸易高质量发展规划》中明确提出"构建绿色贸易体系"的重点任务，这充分体现了我国在环境保护和贸易绿色转型方面的决心（Duan et al., 2021b）。如何平衡好经济发展和环境保护之间的关系是以中国为代表的新兴经济体亟待解决的问题。那么，中国嵌入区域价值链会对全球环境造成什么样的影响？部分西方国家鼓吹的"环境污染威胁"是否存在？对中国协同区域价值链发展的环境影响进行研究，可为解答这些问题提供更为科学的证据，进而为绿色发展的"双赢"道路指明方向。

1. 中国-东盟区域价值链重构与产业升级对策

全球经济的放缓使得贸易保护主义频频抬头，经济全球化遭遇逆流，全球价值链进入亟待重构的新阶段。由于产业链上下游的紧密联系会放大突发性、系统性的风险冲击，各国意识到需要重构新的生产网络来推动区域分工调整，区域价值链重要性不断提升。在全球价值链重构朝着区域化方向发展的背景下，中国和东盟地区如何顺应全球价值链重构趋势，构建自身的区域价值链是亟待解决的重要问题。

20 世纪 80 年代以来，跨国公司将生产布局扩展至全世界，形成了全球价值链。凭借要素禀赋、庞大市场、完整的产业链，中国逐渐成为全球"制造中心"。一直以来全球价值链由发达国家的跨国公司主导，中国主要参与低增加值的加工制造环节，容易陷入"低端锁定"困局，在全球价值链中向高端攀升的难度极大。然而"一带一路"倡议的提出，使得构建以中国为枢纽的区域价值链整体嵌入到全球价值链进而提高中国的分工地位具有可行性。在此背景下，中国如何依托"一带一路"和 RECP 以合作共赢之力促进中国和东盟地区产业合作升级？如何构建以中国为枢纽的新型全球价值链？这对重构贸易公平、地位对等的全球价值链分工体系，具有重要的理论意义和现实意义。

2. 全球价值链重构背景下产业链供应链安全

中美经贸博弈、新冠疫情冲击、俄乌冲突升级叠加贸易保护主义导致全球供应链遭遇严峻挑战，供应链的安全稳定问题已经成为宏观经济复苏的重要阻滞风险。2018 年的中美贸易战对产业链供应链产生了巨大的负面冲击，2022 年 7 月底美国国会众议院通过的《芯片和科学法案》严重损害了全球产业链的顺畅运转。全球价值链发展遭遇瓶颈，中国在全球产业链和供应链中的地位受到了严重影响。党的二十大报告明确指出，要"着力提升产业链供应链韧性和安全水平"[1]。习近平总书记强调，"产业链、供应链在关键时刻不能掉链子，这是大国经济必须具备的重要特征"[2]。

近年来，我国制造业产业链的发展面临着向东南亚、印度、墨西哥等发展中经济体"外溢"与西方发达国家"制造业回流"的双重影响，形成了目前低端制造业迁出，而高端制造业尚未形成的困难局面，产业链安全受到了严峻挑战。我

---

[1] 《习近平：高举中国特色社会主义伟大旗帜 为全面建设社会主义现代化国家而团结奋斗——在中国共产党第二十次全国代表大会上的报告》，https://www.gov.cn/xinwen/2022-10/25/content_5721685.htm，2023-06-01。

[2] 《国家中长期经济社会发展战略若干重大问题》，http://www.gjbmj.gov.cn/n1/2020/1102/c409080-31914598.html，2023-06-01。

国应该如何构建自主安全、多元可控的产业链供应链，保证面对高强度冲击的关键时刻不掉链子？在全球价值链重构背景下，中国应该如何提升产业链供应链韧性、构建产业链安全的长效机制？这些问题具有重要的理论研究价值。

3. 数字经济对全球价值链重构的影响机制

对于全球化进程而言，数字经济具有"双刃剑"的作用。一方面，数字经济改变了传统全球价值链的参与形态，助力更多微观经济主体融入全球价值链，推动全球价值链横向延展，为商品和服务的流动带来了便利。另一方面，数字经济简化生产工序，导致全球价值链呈现短链化和区域化特征，抑制生产要素的全球配置，引发纵向收缩（伦蕊和郭宏，2023）。在全球价值链重构背景下，研究数字经济对全球价值链重构的影响机制，探究如何在最大限度地避免全球供应链收缩带来的经济效率损失的同时保证分工协作的收益，以及中国如何将数字经济作为驱动经济发展的全新引擎夯实区域价值链中心地位，对于构筑更加安全可靠的价值链体系和新发展格局具有重要现实意义。

4. 中国协同区域价值链发展的环境效应

随着全球价值链的快速发展，诸如环境问题在内的潜在风险开始凸显。近年来，寻求贸易自由化与环境保护之间的平衡已成为国际社会的共识。事实上，中国嵌入"东亚＋东盟"区域价值链对贸易隐含碳排放具有双重作用。一方面，可通过区域间产业优化，向绿色化、清洁化方向转型；同时考虑到中国与东亚和东盟地区相似的资源禀赋及劳动力比较优势，相互竞争会促进企业增加研发投入，从而减少隐含碳排放。另一方面，中国嵌入"东亚＋东盟"区域价值链会扩大贸易规模，增加资源和能源的投入；而且以加工贸易形式参与容易被锁定在低端的加工制造环节，增加贸易隐含碳排放。如何实现经济与环境协同发展已成为政府和学术界亟待解决的问题。学术界在刻画价值链特征及测算其经济、能源、环境影响方面做了诸多研究工作，但针对全球价值链重构的环境效应与路径的研究还处于起步阶段。深入研究中国协同区域价值链发展的环境效应，以及探索区域内成员福利最优的碳税定价策略，不仅可以助推中国构建国内国际双循环的新发展格局，也可以为低碳目标约束下加强区域经济合作提供理论和经验证据。

这些研究将有助于深化对全球价值链重构的理解，探索中国和东盟在区域经济一体化、产业升级和绿色发展方面的合作机制，为构建更加公平、可持续的全球价值链体系提供理论支持和实践指导。同时，这些研究也对中国在全球经济格局中的角色和影响力具有重要意义。

参 考 文 献

北京大学中国经济研究中心课题组. 2006. 中国出口贸易中的垂直专门化与中美贸易[J]. 世界经济，（5）：3-11.
蔡昉，王德文，曲玥. 2009. 中国产业升级的大国雁阵模型分析[J]. 经济研究，（9）：4-14.
曹杰. 2008. 贸易便利化机制下自由贸易港区海关监管研究[D]. 天津财经大学.
曹亮，蒋洪斌，陈小鸿. 2013. CAFTA 的贸易创造和贸易转移效应研究[J]. 宏观经济研究，（6）：29-34，71.
车勇，夏祥国. 2006. 中国与东盟国家产业内分工的现状和趋势[J]. 中国水运（理论版），（4）：191-192.
陈雯. 2002. 东盟区域贸易合作的贸易效应研究[D]. 厦门大学.
陈锡康. 1988. 当代中国投入产出理论与实践[M]. 北京：中国国际广播出版社.
陈锡康，杨翠红. 2011. 投入产出技术[M]. 北京：科学出版社.
邓福光. 2010. 中国加工贸易发展和海关监管创新[M]. 北京：中国海关出版社.
段景辉，黄丙志. 2011. 贸易便利化水平指标体系研究[J]. 科学发展，（7）：46-52.
高翔，田开兰，杨翠红. 2018. 从供给侧探寻我国就业变化成因[J]. 管理评论，30（5）：187-196.
高翔，徐然，史依颖，等. 2020. 贸易战背景下我国典型制造业转移路径的启示[J]. 系统工程理论与实践，40（9）：2203-2221.
葛阳琴，谢建国. 2019. 需求变化与中国劳动力就业波动：基于全球多区域投入产出模型的实证分析[J]. 经济学（季刊），18（4）：1419-1442.
关伟，任伟. 2009. CAFTA 进程中我国西南地区出口产业结构调整对策分析[J]. 广西大学学报（哲学社会科学版），31（2）：14-20.
郭振雨. 2011. 加工贸易转型升级背景下海关监管机制研究[D]. 天津大学.
何雅兴，马丹. 2022. 区域垂直专业化分工与出口产品竞争力提升：基于区域贸易增加值分解的新视角[J]. 统计研究，39（5）：3-22.
何艳秋. 2012. 行业完全碳排放的测算及应用[J]. 统计研究，29（3）：67-72.
胡国良，王继源，龙少波. 2017. 中国与东盟产业合作的效益测算及评价研究[J]. 世界经济研究，（4）：95-105，136.
姜书竹，张旭昆. 2003. 东盟贸易效应的引力模型[J]. 数量经济技术经济研究，20（10）：53-57.
井原健雄. 1996. 地域的经济分析[M]. 东京：中央经济社.
李俊久，丘俭裕. 2017. 中国对 APEC 成员的出口潜力及其影响因素研究：基于贸易引力模型的实证检验[J]. 亚太经济，（6）：5-13.
李鑫茹，陈锡康，段玉婉，等. 2021. 经济全球化和国民收入视角下的双边贸易差额核算：基于国际投入产出模型的研究[J]. 中国工业经济，（7）：100-118.
李焱，李佳蔚，王炜瀚，等. 2021. 全球价值链嵌入对碳排放效率的影响机制："一带一路"沿

参考文献

线国家制造业的证据与启示[J]. 中国人口·资源与环境, 31 (7): 15-26.

李自若, 夏晓华, 黄桂田. 2020. 中国省际贸易流量再估算与贸易演变特征研究[J]. 统计研究, 37 (8): 35-49.

刘斌, 魏倩, 吕越, 等. 2016. 制造业服务化与价值链升级[J]. 经济研究, 51 (3): 151-162.

刘红光, 刘卫东, 唐志鹏, 等. 2010. 中国区域产业结构调整的 CO_2 减排效果分析: 基于区域间投入产出表的分析[J]. 地域研究与开发, 29 (3): 129-135.

刘强, 冈本信广. 2002. 中国地区间投入产出模型的编制及其问题[J]. 统计研究, 19 (9): 58-64.

刘潇潇, 黄翌, 关舒文. 2022. 基于修正引力模型的湖北省经济联系研究[J]. 经济研究导刊, (33): 81-84.

刘遵义, 陈锡康, 杨翠红, 等. 2007. 非竞争型投入占用产出模型及其应用: 中美贸易顺差透视[J]. 中国社会科学, (5): 91-103, 206-207.

伦蕊, 郭宏. 2023. 数字经济影响下全球价值链的重构走向与中国应对[J]. 中州学刊, (1): 44-51.

吕延方, 崔兴华, 王冬. 2019. 全球价值链参与度与贸易隐含碳[J]. 数量经济技术经济研究, 36 (2): 45-65.

吕越, 陈帅, 盛斌. 2018. 嵌入全球价值链会导致中国制造的"低端锁定"吗? [J]. 管理世界, 34 (8): 11-29.

潘文卿. 2002. 一个基于可持续发展的产业结构优化模型[J]. 系统工程理论与实践, 22 (7): 23-29.

潘文卿, 李跟强. 2017. 中国区域间贸易成本: 测度与分解[J]. 数量经济技术经济研究, 34 (2): 55-71.

潘文卿, 李子奈. 2007. 中国沿海与内陆间经济影响的反馈与溢出效应[J]. 经济研究, (5): 68-77.

齐舒畅, 王飞, 张亚雄. 2008. 我国非竞争型投入产出表编制及其应用分析[J]. 统计研究, 25 (5): 79-83.

钱学锋, 龚联梅. 2017. 贸易政策不确定性、区域贸易协定与中国制造业出口[J]. 中国工业经济, 355 (10): 81-98.

沈梓鑫, 贾根良. 2014. 增加值贸易与中国面临的国际分工陷阱[J]. 政治经济学评论, 5 (4): 165-179.

史智宇. 2003. 出口相似度与贸易竞争: 中国与东盟的比较研究[J]. 财贸经济, (9): 53-57, 97.

孙建卫, 陈志刚, 赵荣钦, 等. 2010. 基于投入产出分析的中国碳排放足迹研究[J]. 中国人口·资源与环境, 20 (5): 28-34.

孙克娟, 肖皓, 毕慧敏, 等. 2022. 基于 GVC-CGE 模型的投入产出表模拟更新与全球价值链重构测度: 以 RCEP 为例[J]. 计量经济学报, 2 (4): 773-795.

孙晓华, 郭旭, 王昀. 2018. 产业转移、要素集聚与地区经济发展[J]. 管理世界, 34 (5): 47-62, 179.

孙逊, 叶立鹏, 贺政纲. 2014. 基于改进引力模型的物流园区辐射范围确定[J]. 物流工程与管理, 36 (12): 51-52.

盛斌, 廖明中. 2004. 中国的贸易流量与出口潜力: 引力模型的研究[J]. 世界经济, (2): 3-12.

唐宜红, 张鹏杨. 2018. 中国企业嵌入全球生产链的位置及变动机制研究[J]. 管理世界, 34 (5): 28-46.

王直, 魏尚进, 祝坤福. 2015. 总贸易核算法: 官方贸易统计与全球价值链的度量[J]. 中国社会科学，（9）：108-127，205.

许利枝，汪寿阳. 2012. 港口物流预测研究：基于 TEI@I 方法论[J]. 交通运输系统工程与信息，12（1）：173-179.

杨翠红，田开兰，高翔，等. 2020. 全球价值链研究综述及前景展望[J]. 系统工程理论与实践，40（8）：1961-1976.

杨宏恩. 2009. 东盟与中国经济合作的动机及其现实收益[J]. 当代经济研究，（7）：39-44.

余丽丽，彭水军. 2018. 中国区域嵌入全球价值链的碳排放转移效应研究[J]. 统计研究，35（4）：16-29.

张辉. 2004. 全球价值链理论与我国产业发展研究[J]. 中国工业经济，（5）：38-46.

张亚雄，刘宇，李继峰. 2012. 中国区域间投入产出模型研制方法研究[J]. 统计研究，29（5）：3-9.

张亚雄，赵坤，王飞. 2010. 国家间投入产出模型方法、研制与应用[J]. 统计研究，27（11）：9-16.

郑正喜，黄祖南，周融. 2023. 我国多区域投入产出表的数据质量评估问题研究[J]. 统计研究，40（1）：90-105.

朱小明，鄂筱曼，牛楠. 2021. 中国对东盟出口结构的动态演进研究[J]. 宏观经济研究，（2）：136-148.

祝坤福，陈锡康，杨翠红. 2013. 中国出口的国内增加值及其影响因素分析[J]. 国际经济评论，（4）：116-127，7.

祝坤福，高翔，杨翠红，等. 2020. 新冠肺炎疫情对全球生产体系的冲击和我国产业链加速外移的风险分析[J]. 中国科学院院刊，35（3）：283-288.

Amador J, Cabral S. 2009. Vertical specialization across the world: a relative measure[J]. The North American Journal of Economics and Finance, 20（3）：267-280.

Amiti M, Wei S J. 2009. Service offshoring and productivity: evidence from the United States[J]. The World Economy, 32（2）：203-220.

Ang B W, Choi K H. 1997. Decomposition of aggregate energy and gas emission intensities for industry: a refined Divisia index method[J]. The Energy Journal, 18（3）：59-73.

Antràs P, Chor D. 2013. Organizing the global value chain[J]. Econometrica, 81（6）：2127-2204.

Antràs P, Chor D, Fally T, et al. 2012. Measuring the upstreamness of production and trade flows[J]. American Economic Review: Parpers & Proceedings, 102（3）：412-416.

Baldwin R, Robert-Nicoud F. 2014. Trade-in-goods and trade-in-tasks: an integrating framework[J]. Journal of International Economics, 92（1）：51-62.

Beckerman W. 1956. Distance and the pattern of intra-European trade[J]. The Review of Economics and Statistics, 38（1）：31-40.

Bergoeing R, Kehoe T J, Strauss-Kahn V, et al. 2004. Why is manufacturing trade rising even as manufacturing output is falling? [J]. The American Economic Review, 94（2）：134-138.

Bergstrand J H. 1985. The gravity equation in international trade: some microeconomic foundations and empirical evidence[J]. The Review of Economics and Statistics, 67（3）：474-481.

Bergstrand J H. 1989. The generalized gravity equation, monopolistic competition, and the factor-proportions theory in international trade[J]. The Review of Economics and Statistics,

71（1）：143-153.

Bhagwati J, Panagariya A, Srinivasan T N. 2002. The muddles over outsourcing[J]. Journal of Economic Perspectives, 18（4）: 93-114.

Bhagwati J N. 2014. The World Trading System at Risk[M]. Princeton: Princeton University Press.

Black W R. 1971. The utility of the gravity model and estimates of its parameters in commodity flow studies[R]. Washington, D. C.: Association of American Geographers Annual Meeting.

Black W R. 1972. Interregional commodity flows: some experiments with the gravity model[J]. Journal of Regional Science, 12（1）: 107-118.

Blinder A S. 1973. Wage discrimination: reduced form and structural estimates[J]. The Journal of Human Resources, 8（4）: 436-455.

Brahmbhatt M. 1998. Measuring global economic integration: a review of the literature and recent evidence[R]. Washington, D. C.: World Bank's World Development Indicators 1998 Report.

Bröcker J. 1989. Partial equilibrium theory of interregional trade and the gravity model[J]. Papers of the Regional Science Association, 66（1）: 7-18.

Carlei V, Nuccio M. 2014. Mapping industrial patterns in spatial agglomeration: a SOM approach to Italian industrial districts[J]. Pattern Recognition Letters, 40: 1-10.

Chen H, Kondratowicz M, Yi K M. 2005. Vertical specialization and three facts about U.S. international trade[J]. The North American Journal of Economics and Finance, 16（1）: 35-59.

Chenery H B. 1953. The application of investment criteria[J]. The Quarterly Journal of Economics, 67（1）: 76-96.

Cherniwchan J. 2017. Trade liberalization and the environment: evidence from NAFTA and U.S. manufacturing[J]. Journal of International Economics, 105: 130-149.

Cherniwchan J, Copeland B R, Taylor M S. 2017. Trade and the environment: new methods, measurements, and results[J]. Annual Review of Economics, 9: 59-85.

Chirathivat S. 2002. ASEAN-China Free Trade Area: background, implications and future development[J]. Journal of Asian Economics, 13（5）: 671-686.

Chisholm M D I, O'Sullivan P M. 1973. Freight Flows and Spatial Aspects of the British Economy[M]. Cambridge: Cambridge University Press.

Coe D T, Helpman E. 1995. International R&D spillovers[J]. European Economic Review, 39（5）: 859-887.

Daamen T A, Vries I. 2013. Governing the European port-city interface: institutional impacts on spatial projects between city and port[J]. Journal of Transport Geography, 27: 4-13.

Daudin G, Rifflart C, Schweisguth D. 2011. Who produces for whom in the world economy? [J]. Canadian Journal of Economics/Revue canadienne d'économique, 44（4）: 1403-1437.

de Backer D, Hollenberg S, Boerma C, et al. 2007. How to evaluate the microcirculation: report of a round table conference[J]. Critical Care, 11（5）: 1-9.

Dean J M, Fung K C, Wang Z. 2011. Measuring vertical specialization: the case of China[J]. Review of International Economics, 19（4）: 609-625.

Dietzenbacher E, Cazcarro I, Arto I. 2020. Towards a more effective climate policy on international trade[J]. Nature Communications, 11（1）: 1130.

Dietzenbacher E, Los B. 1998. Structural decomposition techniques: sense and sensitivity[J]. Economic Systems Research, 10 (4): 307-324.

Dietzenbacher E, Los B, Stehrer R, et al. 2013. The construction of world input-output tables in the WIOD project[J]. Economic Systems Research, 25 (1): 71-98.

Dietzenbacher E, Pei J S, Yang C H. 2012. Trade, production fragmentation, and China's carbon dioxide emissions[J]. Journal of Environmental Economics and Management, 64 (1): 88-101.

Djankov S, Ganser T, McLiesh C, et al. 2010. The effect of corporate taxes on investment and entrepreneurship[J]. American Economic Journal: Macroeconomics, 2 (3): 31-64.

Duan H B, Bao Q, Tian K L, et al. 2021a. The hit of the novel coronavirus outbreak to China's economy[J]. China Economic Review, 67: 101606.

Duan H B, Zhou S, Jiang K J, et al. 2021b. Assessing China's efforts to pursue the 1.5°C warming limit[J]. Science, 372 (6540): 378-385.

Foster R, Kaplan S. 2011. Creative Destruction: Why Companies that are Built to Last Underperform the Market: And How to Successfully Transform Them[M]. Sydney: Currency.

Frankel J A, Stein E, Wei S J. 1997. Regional Trading Blocs in the World Economic System[M]. Washington, D. C.: Peterson Institute for International Economics.

Gauto V F. 2012. An econometric analysis of trade creation and trade diversion in mercosur: the case of paraguay[R]. Foz do Iguaçu: 28th International Conference of Agricultural Economists.

Gereffi G. 1994. The international economy and economic development[C]//Smelser N J, Swedberg R. The Handbook of Economic Sociology. Princeton: Princeton University Press: 206-233.

Gereffi G. 1999. International trade and industrial upgrading in the apparel commodity chain[J]. Journal of International Economics, 48 (1): 37-70.

Gereffi G, Fernandez-Stark K. 2016. Global Value Chain Analysis: A Primer[M]. Durham: Duke CGGC.

Gereffi G, Humphrey J, Sturgeon T. 2005. The governance of global value chains[J]. Review of International Political Economy, 12 (1): 78-104.

Gereffi G, Lee J. 2012. Why the world suddenly cares about global supply chains[J]. Journal of Supply Chain Management, 48 (3): 24-32.

Gordon I R. 1976. Gravity demand functions, accessibility and regional trade[J]. Regional Studies, 10 (1): 25-37.

Grossman G M, Rossi-Hansberg E. 2012. Task trade between similar countries[J]. Econometrica, 80 (2): 593-629.

Guo C H, Tang H W. 2002. Stability analysis of the dynamic input-output system[J]. Applied Mathematics: A Journal of Chinese Universities, 17 (4): 473-478.

Harding T, Javorcik B S. 2012. Foreign direct investment and export upgrading[J]. The Review of Economics and Statistics, 94 (4): 964-980.

Holst D R, Weiss J. 2004. ASEAN and China: export rivals or partners in regional growth? [J]. The World Economy, 27 (8): 1255-1274.

Hummels D, Ishii J, Yi K M. 2001. The nature and growth of vertical specialization in world trade[J]. Journal of International Economics, 54 (1): 75-96.

Humphrey J, Schmitz H. 2002. Developing country firms in the world economy: governance and upgrading in global value chains[R]. Duisburg: INEF Report 61.

Inomata K, Ikeda N, Tezuka N, et al. 2008. Highly spin-polarized materials and devices for spintronics[J]. Science and Technology of Advanced Materials, 9 (1): 014101.

Isard W. 1951. Interregional and regional input-output analysis: a model of a space-economy[J]. The Review of Economics and Statistics, 33 (4): 318-328.

Isard W, Peck M J. 1954. Location theory and international and interregional trade theory[J]. The Quarterly Journal of Economics, 68 (1): 97-114.

Jiang X M, Guan D B. 2016. Determinants of global CO_2 emissions growth[J]. Applied Energy, 184: 1132-1141.

Jiang X M, Guan D B, Zhang J, et al. 2015. Firm ownership, China's export related emissions, and the responsibility issue[J]. Energy Economics, 51: 466-474.

Jiang X M, Zhu K F, Green C. 2015. China's energy saving potential from the perspective of energy efficiency advantages of foreign-invested enterprises[J]. Energy Economics, 49: 104-112.

Johnson R C, Noguera G. 2012. Accounting for intermediates: production sharing and trade in value added[J]. Journal of International Economics, 86 (2): 224-236.

Juhn C, Murphy K M, Topel R H, et al. 1991. Why has the natural rate of unemployment increased over time? [J]. Brookings Papers on Economic Activity, 1991 (2): 75-142.

Kee H L, Tang H W. 2016. Domestic value added in exports: theory and firm evidence from China[J]. The American Economic Review, 106 (6): 1402-1436.

Kogut B. 1985. Designing global strategies: comparative and competitive value-added chains[J]. Sloan Management Review, 26 (4): 15-28.

Koopman R, Wang Z, Wei S J. 2014. Tracing value-added and double counting in gross exports[J]. The American Economic Review, 104 (2): 459-494.

Lenzen M, Moran D, Kanemoto K, et al. 2013. Building Eora: a global multi-region input-output database at high country and sector resolution[J]. Economic Systems Research, 25 (1): 20-49.

Leontief W. 1953. Domestic production and foreign trade: the American capital position re-examined[J]. Proceedings of the American Philosophical Society, 97 (4): 332-349.

Leontief W. 1956. Factor proportions and the structure of American trade: further theoretical and empirical analysis[J]. The Review of Economics and Statistics, 38 (4): 386-407.

Leontief W, Strout A. 1963. Multiregional input-output analysis[C]//Barna T. Structural Interdependence and Economic Development: Proceedings of An International Conference on Input-Output Techniques, Geneva, September 1961. London: Palgrave Macmillan: 119-150.

Li Q M, Scollay R, Gilbert J. 2017. Analyzing the effects of the Regional Comprehensive Economic Partnership on FDI in a CGE framework with firm heterogeneity[J]. Economic Modelling, 67: 409-420.

Lim C L, Elms D K, Low P. 2012. The Trans-Pacific Partnership: A Quest for a Twenty-first Century Trade Agreement[M]. Cambridge: Cambridge University Press.

Lin J Y. 2011. New structural economics: a framework for rethinking development[J]. The World Bank Research Observer, 26 (2): 193-221.

Linnemann H. 1966. An Econometric Study of International Trade Flow[M]. Amsterdam: North-Holland Publishing Company.

Los B, Timmer M P, de Vries G J. 2015. How global are global value chains? A new approach to measure international fragmentation[J]. Journal of Regional Science, 55 (1): 66-92.

Los B, Timmer M P, de Vries G J. 2016. Tracing value-added and double counting in gross exports: comment[J]. The American Economic Review, 106 (7): 1958-1966.

Los B, Verspagen B. 2000. R&D spillovers and productivity: evidence from U.S. manufacturing microdata[J]. Empirical Economics, 25 (1): 127-148.

Mayer W, Pleeter S. 1975. A theoretical justification for the use of location quotients[J]. Regional Science and Urban Economics, 5 (3): 343-355.

Mikic M, Gilbert J. 2009. Trade Statistics in Policymaking: A Handbook of Commonly Used Trade Indices and Indicators[M]. Bangkok: Economic and Social Commission For Asia and the Pacific.

Mim S B, Ali M S B. 2021. Short-and long-run causality between remittances and economic growth in MENA countries: a panel ARDL approach[C]//Ali M S B. Economic Development in the MENA Region: New Perspectives. Cham: Springer: 29-44.

Moïsé E, Sorescu S. 2013. Trade facilitation indicators: the potential impact of trade facilitation on developing countries' trade[R]. Paris: OECD Trade Policy Papers.

Moses L N. 1955. The stability of interregional trading patterns and input-output analysis[J]. The American Economic Review, 45 (5): 803-826.

Mossay P. 2013. A theory of rational spatial agglomerations[J]. Regional Science and Urban Economics, 43 (2): 385-394.

Mulapruk P, Coxhead I. 2005. Competition and complementarity in Chinese and ASEAN manufacturing industries[R]. Chicago: AAE Development Workshop.

Mundell R A. 1957. International trade and factor mobility[J]. The American Economic Review, 47 (3): 321-335.

Muradov K. 2016. Structure and length of value chains[J]. SSRN Electronic Journal: 1-101.

Oaxaca R. 1973. Male-female wage differentials in urban labor markets[J]. International Economic Review, 14 (3): 693-709.

Pardalos P M, Romeijn H E, Tuy H. 2000. Recent developments and trends in global optimization[J]. Journal of Computational and Applied Mathematics, 124 (1/2): 209-228.

Polenske K R. 1970. An empirical test of interregional input-output models: estimation of 1963 Japanese production[J]. The American Economic Review, 60 (2): 76-82.

Polenske K R. 1980. The U.S. Multiregional Input-Output Accounts and Model[M]. Lexington: Lexington Books.

Polenske K R. 1995. Leontief's spatial economic analyses[J]. Structural Change and Economic Dynamics, 6 (3): 309-318.

Polenske K R, Hewings G J D. 2004. Trade and spatial economic interdependence[J]. Papers in Regional Science, 83 (1): 269-289.

Porter M E. 1985. Technology and competitive advantage[J]. Journal of Business Strategy, 5 (3): 60-78.

Porter M E. 1990. The competitive advantage of nations[J]. Harvard Business Review, 68（2）: 73-93.

Pöyhönen P. 1963. A tentative model for the volume of trade between countries[J]. Weltwirtschaftliches Archiv, 90: 93-100.

Qiu H G, Yang J, Huang J K, et al. 2007. Impact of China-ASEAN Free Trade Area on China's international agricultural trade and its regional development[J]. China & World Economy, 15（5）: 77-90.

Ramos-Real F J, Tovar B. 2010. Productivity change and economies of scale in container port terminals: a cost function approach[J]. Journal of Transport Economics and Policy, 44（2）: 231-246.

Rayport J F, Sviokla J J. 1995. Exploiting the virtual value chain[J]. Harvard Business Review, 73（6）: 75-85.

Roberts B. 2004. A gravity study of the proposed China-Asean Free Trade Area[J]. The International Trade Journal, 18（4）: 335-353.

Samuelson P A. 2004. Where Ricardo and Mill rebut and confirm arguments of mainstream economists supporting globalization[J]. Journal of Economic Perspectives, 18（3）: 135-146.

Schaffer W A, Chu K. 1969. Nonsurvey techniques for constructing regional interindustry models[J]. Papers of the Regional Science Association, 23（1）: 83-101.

Shapiro J S, Walker R. 2018. Why is pollution from US manufacturing declining? The roles of environmental regulation, productivity, and trade[J]. The American Economic Review, 108（12）: 3814-3854.

Song H Y, Gao B Z, Lin V S. 2013. Combining statistical and judgmental forecasts via a web-based tourism demand forecasting system[J]. International Journal of Forecasting, 29（2）: 295-310.

Stevens B H, Treyz G I, Ehrlich D J, et al. 1983. A new technique for the construction of non-survey regional input-output models[J]. International Regional Science Review, 8（3）: 271-286.

Stewart J Q. 1948. Demographic gravitation: evidence and applications[J]. Sociometry, 11（1/2）: 31-58.

Stone R, Brown A. 1962. A Computable Model of Economic Growth[M]. London: Chapman & Hall.

Tang T C. 2003. An empirical analysis of China's aggregate import demand function[J]. China Economic Review, 14（2）: 142-163.

Tian K L, Dietzenbacher E, Jong-A-Pin R. 2019. Measuring industrial upgrading: applying factor analysis in a global value chain framework[J]. Economic Systems Research, 31（4）: 642-664.

Tian K L, Zhang Y, Li Y Z, et al. 2022. Regional trade agreement burdens global carbon emissions mitigation[J]. Nature Communications, 13: 408.

Tinbergen J. 1962. Shaping the World Economy: Suggestions for an International Economic Policy[M]. New York: Twentieth Century Fund.

Trefler D, Zhu S C. 2010. The structure of factor content predictions[J]. Journal of International Economics, 82（2）: 195-207.

Upward R, Wang Z, Zheng J H. 2013. Weighing China's export basket: the domestic content and technology intensity of Chinese exports[J]. Journal of Comparative Economics, 41（2）: 527-543.

Viner J. 1950. Full employment at whatever cost[J]. The Quarterly Journal of Economics, 64（3）:

385-407.

Wang Z, Wei S J, Yu X D, et al. 2017. Measures of participation in global value chains and global business cycles[R]. Cambridge: National Bureau of Economic Research Working Paper.

Wang Z, Wei S J, Yu X D, et al. 2022. Global value chains over business cycles[J]. Journal of International Money and Finance, 126: 102643.

Wilson J S, Mann C L, Otsuki T. 2003. Trade facilitation and economic development: a new approach to quantifying the impact[J]. The World Bank Economic Review, 17 (3): 367-389.

Yang C H, Dietzenbacher E, Pei J S, et al. 2009. The bias in measuring vertical specialization[R]. São Paulo: 17th International Input-Output Conference.

Yang S P, Martinez-Zarzoso I. 2014. A panel data analysis of trade creation and trade diversion effects: the case of ASEAN-China Free Trade Area[J]. China Economic Review, 29: 138-151.

Yanikkaya H, Altun A, Tat P. 2022. Does the complexity of GVC participation matter for productivity and output growth? [J]. The European Journal of Development Research, 34 (4): 2038-2068.

Zhang K H, Song S F. 2001. Promoting exports: the role of inward FDI in China[J]. China Economic Review, 11 (4): 385-396.

Zhang Y, Tian K L, Li X M, et al. 2022. From globalization to regionalization? Assessing its potential environmental and economic effects[J]. Applied Energy, 310: 118642.

附　　录

附表 1　投入产出部门与 GTAP 8.0 部门基本对应情况

IO 表对应部门	IO 代码	GTAP 代码	GTAP 对应部门
农业	1		
林业	2	13	林业、伐木及相关服务活动
畜牧业	3		
渔业	4	14	狩猎、捕捉和猎物繁殖（包括相关服务）
			渔业、鱼类孵化场和养殖场；与渔业有关的相关服务
农、林、牧、渔服务业	5		
煤炭开采和洗选业	6	15	硬煤的开采
			褐煤的开采和结块
			泥炭的开采和集聚
石油和天然气开采业	7		
黑色金属矿采选业	8		铀和钍矿石开采
有色金属矿采选业	9	18	金属矿石的开采
非金属矿及其他矿采选业	10		其他采矿业和采石业
谷物磨制业	11		
饲料加工业	12		
植物油加工业	13		
制糖业	14		
屠宰及肉类加工业	15		
水产品加工业	16		
其他食品加工业	17		
方便食品制造业	18		
液体乳及乳制品制造业	19	22	乳制品
调味品、发酵制品制造业	20		
其他食品制造业	21		

续表

IO 表对应部门	IO 代码	GTAP 代码	GTAP 对应部门
酒精及酒的制造业	22	26*	饮料
软饮料及精制茶加工业	23		烟草制品
烟草制品业	24		
棉、化纤纺织及印染精加工业	25	27*	纺织品的制造
毛纺织和染整精加工业	26		
麻纺织、丝绢纺织及精加工业	27		合成纤维的制造
纺织制成品制造业	28		
针织品、编织品及其制品制造业	29		
纺织服装、鞋、帽制造业	30	28	服装制造业，穿衣和毛皮制品的染色
皮革、毛皮、羽毛（绒）及其制品业	31	29	皮鞋的鞣制和修整；箱包、手袋、鞍具和鞋类的修整
木材加工及木、竹、藤、棕、草制品业	32	30	木、木材、软木产品的制造（家具除外）；草编制品及编制材料物品的制造
家具制造业	33		
造纸及纸制品业	34	31	纸及纸制品的制造
印刷业和记录媒介的复制业	35		出版、印刷及记录媒介的复制
文教体育用品制造业	36		
石油及核燃料加工业	37	32	焦炉产品的制造
炼焦业	38		精炼石油产品的制造
			核燃料的处理
基础化学原料制造业	39	33*	基本化学品的制造
肥料制造业	40		其他化工产品的制造
农药制造业	41		
涂料、油墨、颜料及类似产品制造业	42		橡胶和塑料制品的制造
合成材料制造业	43		
专用化学产品制造业	44		

续表

IO 表对应部门	IO 代码	GTAP 代码	GTAP 对应部门
日用化学产品制造业	45	33*	橡胶和塑料制品的制造
医药制造业	46		
化学纤维制造业	47		
橡胶制品业	48		
塑料制品业	49		
水泥、石灰和石膏制造业	50	34	其他非金属矿物品的制造
水泥及石膏制品制造业	51		
砖瓦、石材及其他建筑材料制造业	52		
玻璃及玻璃制品制造业	53		
陶瓷制品制造业	54		
耐火材料制品制造业	55		
石墨及其他非金属矿物制品制造业	56		
炼铁业	57	35	基本钢铁的制造
炼钢业	58		
钢压延加工业	59		铁和钢的铸造
铁合金冶炼业	60		
有色金属冶炼及合金制造业	61	36	基本贵金属和非铁金属的制造
有色金属压延加工业	62		非铁金属铸造
金属制品业	63	37	金属制品
锅炉及原动机制造业	64	41	其他未标明类别的机器和设备制造
金属加工机械制造业	65		其他未标明类别的电器机械的制造
起重运输设备制造业	66		
泵、阀门、压缩机及类似机械的制造业	67		医疗、精密和光学、仪器钟表和钟的制造
其他通用设备制造业	68		

续表

IO 表对应部门	IO 代码	GTAP 代码	GTAP 对应部门
矿山、冶金、建筑专用设备制造业	69	41	医疗、精密和光学、仪器钟表和钟的制造
化工、木材、非金属加工专用设备制造业	70		
农林牧渔专用机械制造业	71		
其他专用设备制造业	72		
电机制造业	77		
输配电及控制设备制造业	78		
电线、电缆、光缆及电工器材制造业	79		
家用电力和非电力器具制造业	80		
其他电气机械及器材制造业	81		
铁路运输设备制造业	73	39	其他运输设备的制造
船舶及浮动装置制造业	75		
汽车制造业	74	38*	机动车辆、拖车、半拖车的制造
其他交通运输设备制造业	76		
通信设备制造业	82		办公、会计和计算机械的制造
雷达及广播设备制造业	83		
电子计算机制造业	84		
电子元器件制造业	85	40*	广播、电视、通信设备和仪器的制造
家用视听设备制造业	86		
其他电子设备制造业	87		
仪器仪表制造业	88		
文化、办公用机械制造业	89		

续表

IO 表对应部门	IO 代码	GTAP 代码	GTAP 对应部门
工艺品及其他制造业	90	42*	其他未标明类别的制造业
废品废料	91		回收利用（废物等）
电力、热力的生产和供应业	92	43	电力的生产、收集和分发
燃气生产和供应业	93	44	煤气的制造；通过蒸汽和热水供应的气体燃料分布
			蒸汽和热水的供应
水的生产和供应业	94	45	水的收集、净化和分配
建筑业	95	46	建筑业
铁路运输业	96		陆路运输和管道运输
道路运输业	97		
城市公共交通业	98		
管道运输业	101	48	支持和辅助运输的活动；旅行社的活动
装卸搬运和其他运输服务业	102		
仓储业	103		
旅游业	116		
水上运输业	99	49	水运
航空运输业	100	50	空运
邮政业	104	51	邮电业
电信和其他信息传输服务业	105		
批发零售业	108	47*	汽车和摩托的销售、保养和维修；汽车燃料的零售
			批发贸易和经纪贸易（不包括机动车辆和摩托车）
住宿业	109		商品店的非专门零售贸易
餐饮业	110		食品、饮料和烟草零售专门店
			其他新产品的零售专门店
			商店零售的二手货
			非商店中的零售贸易
			个人和家庭用品的修理
			酒店和餐馆业
银行业、证券业、其他金融活动	111	52*	金融中介（保险及退休基金除外）
			金融中介的辅助活动
保险业	112	53*	保险和养老基金（不包括强制性社会保障）
计算机服务业	106	54	房地产活动
软件业	107		交通运输设备租赁

续表

IO 表对应部门	IO 代码	GTAP 代码	GTAP 对应部门
房地产业	113		其他机械和设备租赁
			其他未标明类别的个人及家庭用品的租赁
			计算机及相关活动
			研究与开发
租赁业	114		其他商业活动
商务服务业	115		
旅游业	116		
研究与试验发展业	117		
地质勘查业	120		
专业技术服务业	118		
科技交流和推广服务业	119		
水利管理业	121	56*	公共管理和国防；强制性社会安全
环境管理业	122		教育
教育	126		卫生和社会工作
卫生	127		污水和垃圾处理、卫生及类似活动
社会保障业	128		其他未标明类别的会员制组织的活动
社会福利业	129		
公共管理和社会组织	135		域外组织和机构
居民服务业	124	55*	娱乐、文化和体育活动
其他服务业	125		其他服务活动
新闻出版业	130		
广播、电视、电影和音像业	131		雇佣佣人的私人家庭
文化艺术业	132		
体育	133		
娱乐业	134		
公共设施管理业	123		

* GTAP 对应部门与 IO 表对应部门不完全对应

附表2　GTAP 8.0中列示的部门及部门情况

部门编号	部门名称	部门编号	部门名称	部门编号	部门名称
1	水稻	20	肉制品	39	交通运输设备制造
2	小麦	21	食物油制品	40	其他电子设备
3	其他谷物	22	乳制品	41	其他机械设备
4	蔬果	23	大米	42	其他制造业
5	油料作物	24	糖类	43	电力供应
6	甘蔗类	25	食品制造	44	燃气生产与分销
7	植物纤维	26	饮料及烟草制造	45	水力供应
8	其他粮食作物	27	服装制造	46	建筑业
9	牛羊马	28	纺织品	47	批发零售业
10	动物产品制造	29	皮革	48	其他运输业
11	原料乳	30	木制品	49	海上运输业
12	毛纺及丝绸	31	出版纸制品	50	航空运输业
13	林业	32	石油制品	51	邮电业
14	渔业	33	化学橡胶塑料制品	52	金融服务业
15	煤炭开采业	34	矿物制品	53	保险业
16	石油开采业	35	有色金属	54	商业相关
17	天然气开采业	36	其他金属	55	文娱产业
18	金属矿采选业	37	金属制品	56	公共管理业
19	牲畜屠宰	38	汽车零部件	57	其他